安定・堅実
STABLE & STEADY

株やFXだけじゃない!

社債投資
がわかる本

BOND INVESTMENT

岩木宏道 著 Hiromichi Iwaki
アーバンベネフィット 監修

SOGO HOREI PUBLISHING CO., LTD

まえがき

今年に入って、個人向け社債の発行が急増しています。新聞でも次のように報じられています。

「三菱東京ＵＦＪ・個人向け社債１７００億円発行。過去最大。需要強く７００億円増額」（２００８年8月7日　「日本経済新聞」朝刊）

「個人向け債券発行急増。１～8月前年比3倍。資金調達分散狙う。」（２００８年9月6日　「日本経済新聞」夕刊）

今年、個人向けに社債を発行した企業としては、前述の三菱東京ＵＦＪ銀行（期間8年・利率２・３％）のほかに、全日空（期間3年・利率１・２４％）、ＪＦＥホールディング（期間3年・利率１・２９％）などがあり、本書の執筆時点でも募集を行っている企業があるなど、勢いを感じます。

今日の日本では、さまざまな投資商品が登場し、多くの人がよい投資先を積極的に探すようになっています。

しかし、その一方で、近年の「貯蓄から投資へ」の流れを振り返ってみるとき、市場価値変動の大きい商品としての株式もしくはＦＸ（外国為替証拠金取引）への偏りがあったことを指摘しなければなりません。

実際、株式はとても変動が激しい商品であり、多くの人は値上がり益であるキャピタルゲインを期待して投資を行います。しかし、現在、世界的な景気悪化局面に直面し、株式相場の下落は多くの個人投資家の資産を毀損し始めています。

ここで私が提起したいのは、貯蓄性資金と投資資金はまったく別物であって、区別するべきであるということです。そして、貯蓄性資金の受け皿は、インカムゲイン型（一定の利息・配当収入が毎年収入としてもたらされる）投資商品であるのではないかという問題提起が本書の背景にあります。

インカムゲイン型投資対象のうち、「債券」はその代表格の一つです。そして、債券の中で企業が資金調達を目的に発行するのが「社債」です。

国債についてはこれまで個人向け国債がブームになるなど個人投資家の方にも馴染みがあったかもしれませんが、社債については「機関投資家向け」という側面が強く、個人投資家には敷居が高いものでした。しかし、近年になってメガバンク等が個人向けの社債を発行するようになっています。また、金融において日本の10年から20年先を行く米国では大企業だけではなく中堅企業や成長企業が発行する低格付けの社債の発行残高が全体の半分を占めるようになっています。この動きは近い将来日本にも必ず波及することでしょう。

投資商品としての社債の魅力は、何といってもその安定性です。つぶれない企業を見極めて投資すれば、元本は保証され、銀行預金よりは高利回りで、比較的安定していると言えます。また、本書で詳述しますが、オーダーメイド的にさまざまな商品設計をすることが可能です。株やFXのような値上がり益のダイナミズムはありませんが、元本保証を望む投資家の方には理想的な投資商品だと言えるでしょう。

にもかかわらず、これまで個人投資家にはあまり注目されていなかったこともあり、社債投資に関する書籍はプロ向けのものを除き皆無で、情報不足ということは否めません。そこで、本書はこの社債の投資に関して基本的な知識を網羅する内容になっており、読者が必要に応じて読み進めていただくことができるようになっています。

本書のスタンスは、決して株やFXなどのキャピタルゲイン型投資商品を否定するものではなく、あくまでも「ポートフォリオの一つとして社債に投資してみてはいかがですか」ということです。

本書をきっかけとして、より多くの個人投資家の方々が社債を第三の選択肢として位置づけ、実際の資産形成にお役立ていただけることを期待します。

第4章 社債発行の裏側

第5章 社債投資の実際と低格付社債ビジネス

第6章 米国社債市場事情

装丁 冨澤崇（EBranch）
本文図版・組版 横内俊彦

第1章

なぜ今、社債なのか

1 国策となった「貯蓄から投資へ」のシフトの受け皿としての社債

■竹中大臣の金融制度改革

2003年5月、当時の小泉政権下で、竹中平蔵金融担当大臣が、りそな銀行への公的資金注入を決断したのを契機に、日経平均株価は底を打つ形で反転し、いざなぎ景気をしのぐ長期間にわたって景気拡大が続きました。

小泉政権の改革がもたらした功罪については様々な論評がありますが、竹中大臣がシナリオを作成し、強力に推し進めた金融制度改革が、日本の投資環境にもたらした功績は評価されなければなりません。竹中大臣は「貯蓄から投資へ」を合言葉に、それまでの銀行一辺倒に偏った日本の個人金融資産を直接金融へ振り向ける政策を推進しました。

この〝国策〟ともいうべき当時の直接金融推進の金融政策は、前の橋本政権時に唱えられた「フリー・フェア・グローバル」に象徴される改革（金融ビッグバン）の実行が行政府内の組織改革も含めて行われており、これは外国人投資家には非常に評価されるものでした。実際に小泉政権下で行われた経済政策が日本の資本市場の活性化に大きく貢献したことは、その後の株式市場の推移を見れば明らかです。

■直接金融の落とし穴

さて、ここで一つ疑問が湧きます。当時、政府のみならず、政治家や日経新聞等のマスメディア、評論家、大学教授がほぼ口を合わせて、呪文のように唱えていた「直接金融推進」は、本当のところ、なぜ必要だったのでしょうか?

一般的に使われる「直接金融」という言葉は、おおよそ次のように定義することができます。

「資金を銀行等の金融機関に委託せず、投資家が自らの判断により発行体（政府・政府系機関・民間企業等）の出す金融商品（株式・債券等）もしくは変動型市場商品に投資すること」

一方、直接金融の対極とされ、間接金融とイコールでもある銀行経由の資金の流れは、預金者が銀行に資金を預託し、銀行が預金者の代わりとなって貸付や国債・株式などの市場商品に投資するというものです。

したがって、直接金融は、裏を返せば、間接金融ではない金融ということになりますが、厳密に分けにくい分野もあります。たとえば、投資信託は前述の定義に当てはめれば、直接金融なのかもしれませんが、ファンドマネジメント会社が投資家から資金を預かり、運用して一定の収益を配分していくという意味では、間接金融的側面もあります。

さて、当時叫ばれていた直接金融は、そのほとんどが株式投資を指し、日本人の個人金融資産１４００兆円をどのようにして銀行預金から株式市場へ向かわせるかが具体的な政府の政策課題となっていました。

そして、前記の政策課題に対応し、個人資産を流動化させるために、以下のような具体的施策が実行に移されました。

・銀行での投資信託販売解禁
・銀行の証券仲介業解禁
・譲渡益課税の低減
・銀行と証券会社の共同店舗運営解禁

もっとも、私が実際の経験において痛感したことは、株式投資に向かう資金と銀行で管理する預金とではその性質がまったく異なるということです。

ミスリーディングな風潮によって、大切な資金を最もハイリスクな株式投資へ向かわせてしまうことには違和感を覚えます。

言い換えれば、今まで郵便貯金や銀行預金に預けていた方々の資金を、「直接金融」という名の下に株式や株式投信に誘導するのは、**今まで制限速度以下で走っていた方々を何の訓練もなしにＦ１レースに出場させるようなものであり、非常に危険である**と考えています。

■銀行預金の代替としての社債投資

そこで私がお勧めしたいのが、貯蓄性資金の受け皿としての「社債」です。

社債は、企業が資金調達のために発行する金融商品であり、予め決められた年間利率を設定し、一定期間後に元本を償還させることを特徴としています。まさに銀行預金に近い金融商品であり、安定的な利回りを好む日本の多くの投資家に相応しいと言えるでしょう。私は、真の意味で貯蓄性を帯びた銀行預金の代替となるものは株式ではなく、社債であろうと考えています。

もっとも、現在の日本においては、社債の市場はまだまだ発展途上段階であり、特に機関投資家クラスが購入する流動性のある社債は格付け「ＢＢＢ（トリプルビー）」以上のものに限定され、大多数の一般企業は事実上発行できない環境に置かれています。

しかしその一方、米国では社債発行残高の５割が格付け「ＢＢＢ」未満の社債で占められており、欧州では３割となっています。これらの格付け「ＢＢＢ」未満の社債は、一般的には「ハイ・イールド債」「ジャンク債」「低格付け社債」と呼ばれており、これはベンチャーなどの成長企業やミドルクラスの上場企業などが投資銀行の力を得て資本市場向けに発行することで成り立っています。

今後の日本においては、投資家にとっても本当の意味で銀行預金に代わる、もしくはそれに順ずる金融商品が必要でしょう。また、多くの企業にとっても社債を発行できる市場が整備されることで銀行以外の資金調達の道が拓け、結果として新たな富が創出されることにつながります。

2 不透明な時代における「資産防衛手段」としての社債

■凋落する日本経済

日本においては、すでに右肩上がりの時代は終了しました。この先を考えると、非常に深刻な事態が待ち受けています。

ここ数年は大量の団塊世代の定年退職を迎えることになっていますが、国の年金支払能力の問題以前に、今までの所得が激減することへの不安が彼らを覆っているとすれば、消費を減退させ、ＧＤＰを下げる要因になりかねません。

健康保険料負担については、今後下がることはあり得ず、75歳以上の方々にとっては一部ではかえって負担増になることが明らかになっています。また、すべての消費者にとっては、近い将来には霞ヶ関の後押しで必ず消費税の税率引き上げが行われることでしょう。

さらに、かつて「世界で最も豊かな国」とも言われた日本ですが、一人当たりのＧＤＰ

はもはや世界で第18位（2007年）に後退し、教育レベルももはや特筆すべき水準ではなくなってきています。

■不透明さを増す世界経済

追い討ちをかけるように、今、世界全体に「サブプライムローン問題」という経済ウィルスが蔓延し始めています。2007年夏から顕著になった米国における住宅バブルの崩壊は、サブプライムローンの焦げ付きを引き起こしました。今やグローバル経済は相互に密接にリンクし、ボーダレスに動いています。

1992年に英国中央銀行相手にポンドの空売りで10億ドル以上を稼いだ偉大な投資家ジョージ・ソロスや前FRB（米連邦準備制度理事会）議長のグリーンスパンなども、「米国経済は戦後最悪の不況に陥る可能性を排除できない」とのコメントを出しています。

この信用収縮はひとえに、グリーンスパン前FRB議長の下で続いた低金利政策によるマネーのオーバーフローが原因であることが後々明らかになることでしょう。本書では、この問題に立ち入りませんが、一時期話題になった世界的な「金余り」という現象が、今ではまったく話題にならなくなったことは記憶に留めたいところです。

それでも、2007年の前半においては、中国やロシア、インドなどのいわゆるBRI

Ｃｓ各国の株式市場が軒並み二ケタの上昇となりましたが、後半からは一転して急落と表現してもいい下落局面に入っています。

このように、北京オリンピック以後の世界経済の見通しについて、なかなか確信をもって述べることができる人はいないのではないでしょうか。

■資産防衛手段としての社債投資

以上述べたような将来不安が高まる中、重要なのは日本全体としてフロー経済からストック経済へ移行しつつあることです。より平易に表現するならば、「モノを売って稼ぐ経済」から「資産を預託することにより、その間の生活資金などが安定的に得られる所得（不労所得）を重視する経済」へ移行することが必要となってきます。

私は、株式投資のすばらしさや面白さは、高校時代に目覚めて以来ずっと変わりなく感じ続けています。私が大学４年生だった２００２年の暮れに購入したある企業の株式は３年間で40倍になりました。これは銀行預金では決して得られないハイリターンです。

しかし、私はあらゆる人々が株式投資を直接やったほうがいいとは決して思っていません。なぜなら、株の値動きは一瞬にして変動し、一日で10％前後の上下はごく当たり前の変動幅だからです。私は日経新聞を読むことが大好きであり、常に経済ニュースに接していないと、まるで麻薬が切れたような状態に陥る人間ですが、多くの方々はたまに株価をチェックする程度でしょうし、半分くらいに下がってしまって初めて下がったことを認識するといったこともあり得るでしょう。

世界の景気動向を常に気にかけるのは、金融の専門家集団だけで十分です。毎日、スーパーに買い物に行き、趣味にいそしみ、家庭を持って普通に生活する方々にとって、動きの激しい金融商品に振り回される必要はありません。これらの人々に必要なのは、これまで築いた資産が防衛されることであり、一定程度の利回りを得られ、最後はよほどのことがない限り、元本が守られることのはずです。

その意味において、私が一緒に取り組ませていただいたアーバンベネフィット株式会社が発行する社債はユニークな設計となっています。

同社の社債の特徴は、年間で5％の社債の利息分配金が毎月支払われるものです。発行期間は3年です。

毎月最終営業日に、預金通帳に月割り計算での利息が入金され、それを元に少しばかりの贅沢をすることも、貯金することも、もしくは生活資金に充当することもできます。それはあたかも、銀行の預金のようであります。

以上のような魅力を社債は持っています。

第2章

債券の基礎知識

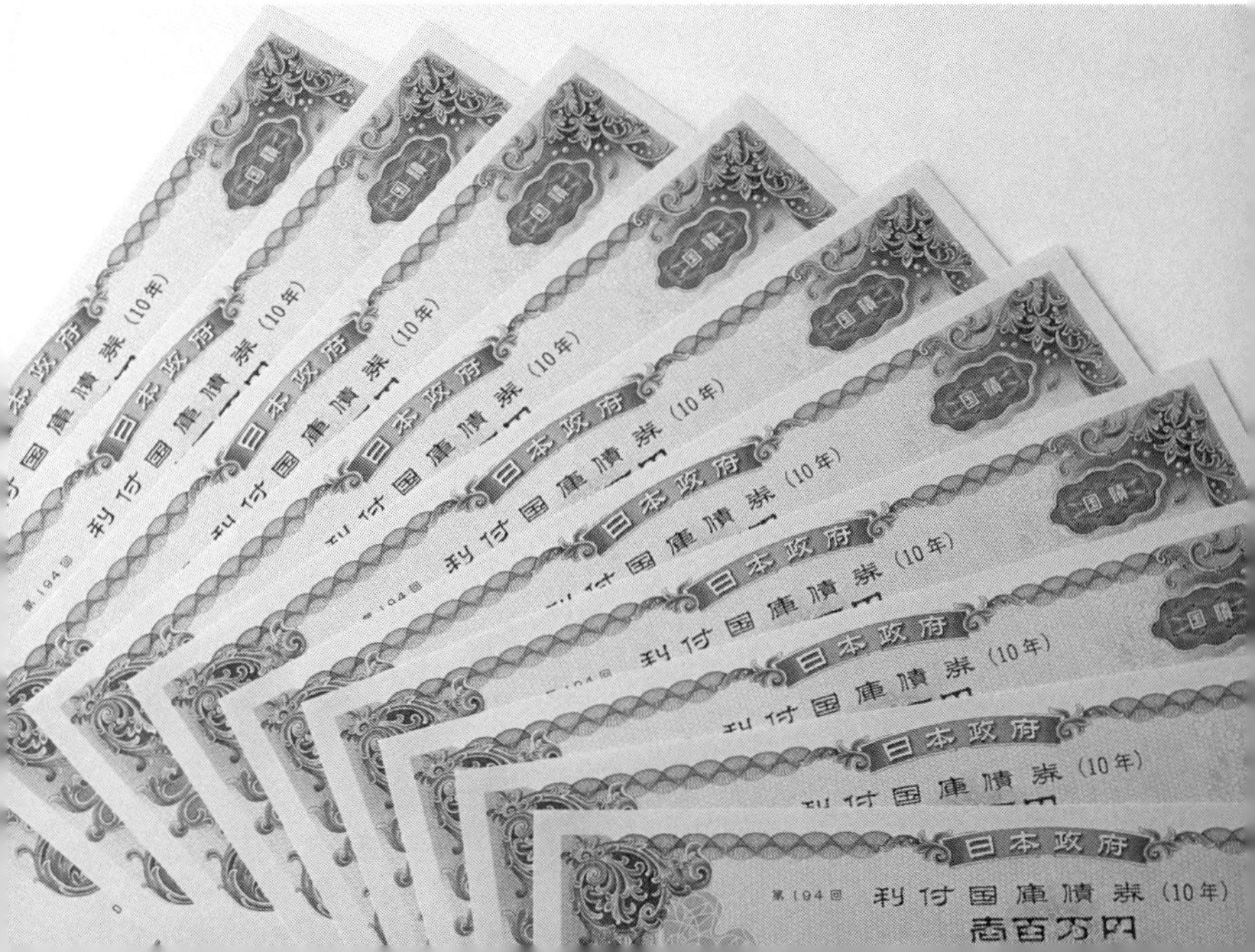

1 債券とは

■法律上の債券の位置づけ

社債の話に入る前に、そもそも「債券」とは一体いかなるものなのでしょうか。簡単に言えば、企業や政府機関などが資金調達をする際に発行する、まさに借用証書と同じです。英語で「ボンド（bond）」とも言います。そして、政府の発行する債券を「国債」、企業が発行する債券を「社債」と言います。

金融取引を包括的に規定する「金融商品取引法（旧証券取引法）」では、国債や地方債などと並んで、社債の有価証券としての規定がなされています。

しかし、現行の会社法が施行される前の旧商法では、社債に関して金銭債権としての明確な定義はなされていませんでした。

平成18年5月1日付で施行された新会社法の第2条23による社債の定義では、「この法律の規定により、会社が行なう割当により発生する当該会社を債務者とする金銭債権であって、第６７６条各号に掲げる事項についての定めに従い償還されるものをいう」として、明確に「金銭債権」としての位置づけを受けました。

金銭債権であるということは、債権としての扱いにおいて、銀行が金銭消費貸借契約に基づいて行う融資や個人の貸付と同順位の効力を有するということになります（もっとも、個別の債権債務の契約が最終的に重要になりますが）。

■債券と貸付の違い

借用証書であるということは、「いつかは返す」ということですので、その償還期限や利息等の条件が決められているということになります。これについては金銭消費貸借契約上の貸付となんら変わりませんが、金融商品取引法上で「有価証券」として位置づけされているということでもおわかりのとおり、**株式と同じように第三者への売買取引を前提としている点が債券が単なる貸付と意味合いが異なるところです。**

以下、債券と貸付においてどこが異なるのか、私なりの考え方を述べたいと思います。

債券の「券」の文字を見てもわかるとおり、古くは株券同様に券面を保有することでその所有者として認定されました。したがって、券面を金銭に変えることも可能（換金可能）となり、流通しやすい設計がなされていたのです。

一方、貸付の借用証書はどうでしょうか。ある人がある企業に貸付を行ったときの何らかの証書については、個別に契約内容が違う可能性が多く、第三者にその証書が移ったところで、その権利移転については何らかの手続が必要な可能性もあります。

以上のことを考えると、同じ金銭債権であるにもかかわらず、債券は規格化され、流通を前提としているのに対し、貸付は個別契約の色が濃く、そもそも転売等の流通を前提としていない点が挙げられるでしょう。この規格化と流通性は、売買可能な有価証券として重要な意味を持っています。

そもそも、ある人の1万円札と他の人の1万円札で価値の差があるはずはありません。どちらも日本銀行が発行していて、まったく同じ規格と条件であるからです。

同様に、ある企業が発行する社債において、ある投資家には担保が付いているが、ある投資家には付いていなかったり、個別の条件が投資家ごとに付されていたりすることがあっては、その債券を取引対象とみる投資家はいなくなるでしょう。それは、投資家にとって、各々の社債の価格をはじくことが困難になってくるからです。シンプルイズベストなのです。

その結果、上場企業の発行する一般的な社債は無担保社債であり、投資家との取り決め契約書ともいえる社債要項は、すべて同様の規格となっています。

要するに、将来の転売も見込み、高い換金性を誇る投資商品としての債券と、そもそも転売を見込まず、当初債権者と債務者という関係の中で取引が完結する貸付は、まったく異なるものなのです。

以上、有価証券である社債などの債券と貸付の違いについて、そのニュアンスだけでもつかんでいただければ幸いです。

2 知っておきたい債券の5つの常識

▼常識1　債券は基本的に借用証書と同じである

前項で説明したように、債券は企業で言えば負債に相当するものであり、金銭債権として会社法で定義されるものです。したがって、企業には予め発行要項で定められた条件どおりの資金返済義務が生じる点では、一種の借用証書と同じと言えます。

▼常識2　債券は利回りが評価基準である

ほとんどの場合、債券ではすべての評価基準は利回りです。株式であれば、配当金や株価収益率（PER）、株価純資産倍率（PBR）など様々な指標がありますが、債券では利回りのみが比較対照として価値を吟味する基準となります。

たとえば、同じ格付け（例：A）である2社が同じ年限の社債を発行したとしましょう。一方の利回りが2・00％であり、もう一方の利回りが2・10％の場合、前者の方が信用度が高いと市場関係者が見ていることになります。これは、株式で言えば、まったく同じ収益力と財務内容、営業内容を有する企業において評価が高い企業の方がＰＥＲが高くなる傾向にあることを考えてみればわかりやすいかもしれません。

また、ある企業の社債の利回りが、基準となる同年限の国債やスワップレートからどのくらい乖離しているかが最終的には注目されます。この乖離を「**スプレッド**」と言います。したがって、利回りが上昇する場合において、基準となる国債もしくはスワップレートが上昇しているだけでスプレッドは動いていないのであれば、当該企業の社債評価に相対的な変化（信用悪化懸念等）が生じたとは言えません。ただし、以下で説明するとおり、利回り上昇は、絶対値としての債券価格の下落を意味します。

▼常識３　債券の価格と利回りは反対の動きをする

債券の利回りとは、端的に言えば以下のようになります。

「債券を最後まで保有した場合の、年換算利回り」

債券を保有する際の収益は２種類があります。それは満期までの期間の利息収入と、債券単価の差額収入です。「**年換算利回り**」は、この利息収入と差額収入（最終債券価格－現在債券価格）の合計を満期までの年数で割り、年間収入をさらに現在債券価格で割ることで求められます。この利回り計算式については本書の他の箇所でも詳述しています。利回り計算式の現在債券価格が下がるということは、利回り計算式の分子である差額収入が増えることも意味します。したがって、結果として利回りは上昇することになります。

▼常識4　スプレッドが上昇することはマーケットでの信用が悪化することを意味する

既述の通り、スプレッドが上昇するということは、投資家が距離を置いている状況を意味し、これは将来的に元本や利息の返済可能性が下落しつつあることを意味するに等しいことになります。

▼常識5　債券を保有することは債権者になることに等しい

債券を保有しているということは、貸付を行っていることと法的な扱いはまったく同じです。したがって、最悪の場合（期限の利益喪失事由等）においては、資産差し押さえなどを一定の手続を経て裁判所に要請していく対応などが可能となります。この場合は債権者集会などへの参加も想定され、やはり保有額が相対的に大きい投資家が影響力を発揮できることになります。また社債保有者だけの社債権者集会においては、議決権を行使でき、この場合もやはり保有額に比例した議決権が生じることとなります。

3 知っておきたい債券投資の３つの特徴

債券投資には、次のような特徴があります。

▼特徴①大きな価格変動リスクがない

一つ目は、株式のような大きな価格変動リスクがない点です。このことは、毎年入ってくる利息が一定であり、償還時の価格も一定（通常は１００円）であるので、企業が倒産しないかぎり、１００円前後の価格で推移することでしょう。たとえ、業績が一気に２倍になったり、買収を繰り返して規模を拡大させて株価が10倍になったりしても、社債価値の動きは安定的です。

これを数字で見てみましょう。

５年の償還期限を残したある企業Ｘの社債は格付けがＢＢＢクラスであり、利率が２・０であったとしましょう。市場での利回りも２・０％であったとしたら、この場合の社債の価格は100円となります。

そして、前記の通り、急速に業績が拡大し、株価も急上昇し、格付けもシングルAに上がったことで同社債の利回りは1・5%に低下したとしましょう。

その場合、簡単化のため5年の償還期限は変わらないとした場合は、社債取引価格は102円30銭程度の評価に上昇します。

いかがでしょうか。これを小さいと見るか、妥当と見るかは、リスクとリターンの選好度の違いによりますが、傍目からみると地味であることでしょう。

しかし、そもそも社債は大きな上昇を見込むものではなく、予め決められた額の利息と元本返還（償還金）を求めるべきものですから、性質がそもそも株式等とは違うわけです。

企業の成長性に投資するのではなく、「少なくとも倒産しない可能性」に投資するのが社債であると言えます。同じ企業が社債と株式を発行している場合に、本当に大切な資金をいずれかに置くとすれば、社債であるべきです。

▼特徴②債権確保ができる

2つ目は、いざというときに、法的に債権確保に動くことができる点です。社債が金銭債権である以上、期限の利益喪失事由相当の場合は、裁判所に資産差押等の手続を申立てて実際に債権確保する権利があります。

株式であれば、元本が減ったからといっても、怒ること以外に取り得る法的手段は通常はありません。そもそも投資した元本といっても、それは償還を予定しているものではないのですから。

このことは、弁済順位の点で社債は株式よりも優先されるという表現を用いることもできます。**安全性で見た場合に、同一企業の発行する社債と株式では、社債は株式よりも常に安全性が上回ることになるのです。**

▼特徴③税制上有利である

３つ目は、税制上のものです。個人がある企業に貸付を行った場合の利息については、雑所得として総合課税される一方で、債券の利息は20％の源泉分離課税となります。所得の多い方にとってはどちらが優れているかは一目瞭然です。

4 債券価格の決定

■格付会社の評価

さて、債券の価格はどのように決まるのでしょうか。すでに流通が行われている債券市場を基に考えていきたいと思います。

債券取引を考える上で、切っても切り離せないのは格付けです。まずは格付けの世界に触れておきましょう。

社債を購入する投資家は、何よりもまず格付けを見ます。その上で、同じ格付けと年限を持った他社の社債、もしくは異なる年限・格付けの社債などと比較検討し、相対的魅力度がある場合に購入していきます。このように格付けは投資家の行動の根拠となるので、格付会社は高い信頼を守っていかなければなりません。

そもそも、格付会社が行う格付けの定義はどのようになっているのでしょうか。ここでは米国の代表的な格付会社である「スタンダード&プアーズ（S&P社）」の例をみてみましょう。

【S&P社の格付定義】

・AAA（トリプルエー）

債務を履行する能力はきわめて高い。スタンダード&プアーズの最上位の発行体格付け。

・AA（ダブルエー）

債務を履行する能力は非常に高く、最上位の格付け（AAA）との差は小さい。

・A（シングルエー）

債務を履行する能力は高いが、前記2つの格付けに比べ、事業環境や経済状況の悪化からやや影響を受けやすい。

・BBB（トリプルビー）

債務を履行する能力は適切であるが、事業環境や経済状況の悪化によって債務履行能力が低下する可能性がより高い。

前記より下の「BB（ダブルビー）」、「B（シングルビー）」、「CCC（トリプルシー）」、

「CC（ダブルシー）」に格付けされた発行体は投機的要素が強いとみなされます。この中で「BB」は投機的要素が最も低く、「CC」は投機的要素が最も高いことを示します。これらの発行体は、ある程度の質と債権者保護の要素を備えている場合もありますが、その効果は、不確実性の大きさや事業環境悪化に対する脆弱さに打ち消されてしまう可能性があります。

・BB（ダブルビー）

より低い格付けの発行体ほど脆弱ではないが、事業環境や財務状況、または経済状況の悪化に対して、大きな不確実性、脆弱性を有しており、状況によっては債務を期日通りに履行する能力が不十分となる可能性がある。

・B（シングルビー）

現時点では債務を履行する能力を有しているが、「BB」に格付けされた発行体よりも脆弱である。事業環境、財務状況、または経済状況が悪化した場合には債務を履行する能力や意思が損なわれやすい。

・CCC（トリプルシー）

債務者は現時点で脆弱であり、その債務の履行は、良好な事業環境、財務状況、および経済状況に依存している。

・CC（ダブルシー）

債務者は現時点で非常に脆弱である。

前記の格付定義による「ＢＢ」以下の債券はいわゆる「**投資不適格債**」と呼ばれ、別名「**ハイ・イールド債**」「**ジャンク債**」などと呼ばれることもあります。

格付会社は営利企業ですので、発行体が社債を発行したくて格付の評価を依頼してきた場合に、料金を徴収して実際の格付を行います。このような発行体からの依頼に基づいて格付をおこなうことを「**依頼格付**」と言います。これに対して、格付会社が勝手に格付けを付与するような格付手法を「**勝手格付**」と言います。

以上のような格付をもって初めて流通性のある社債発行が可能となります（もちろん、無格付で社債を発行することになんら規制はありません）。

格付けは民間会社が行っており、国家的な資格をもって行っているわけではないという点は、日本人の感覚からすると違和感があるかもしれません。しかし、そもそも債券市場の大半は国債取引で占められており、国家の出す債券も格付けしなければならない格付会社が国家機関であったら、誰がその格付けを信用するでしょうか。

したがって、格付会社には、高い独立性と倫理観、客観性が求められる民間会社ということになります。

代表的な格付会社としては、前出のS&P社のほかに、同じく米国のムーディーズ、英国のフィッチ、日本ではR&Iなどがあります。各企業や各国政府各自治体の格付けは公開されており、S&P社のホームページでは詳細な格付けを見ることができるようになっています。

もっとも、2007年夏場より大きくクローズアップされたサブプライムローンの証券化商品価格の暴落では、格付会社の格付けの甘さが指摘されました。

しかし、基本的に資本市場における取引は自己責任です。格付会社がいくら「AAA」を付けたところで、それを信用するかしないか、もしくはそれを判断材料の一部として割り切るか否かを含めて、やはり戒めとして考えたいところです。

■利回りの決定

それでは、実際の債券取引をみていきましょう。

2008年4月15日に、トヨタ自動車の金融子会社「トヨタファイナンス」が社債を発行しました。このことは日本証券業協会のホームページより見ることができます。条件は

トヨタファイナンスの社債発行条件

銘柄名	トヨタファイナンス （社債間同順位特約付 (注)）
発行額	300 億円
利率	1.1%
発行価格	99.97 円
応募者利回り	1.106%
払込日	平成 20 年４月 25 日
償還期限	平成 25 年６月 20 日
年限	５年
償還方法	満期一括
利払日	６月・12 月
各社債金額（券面）	１億円
主幹事証券会社	野村、日興シティーグループ、トヨタ FS
取得格付	AAA（S&P）、Aaa（Moody's）

前ページの表の通りでした。

「応募者利回り」とは、実際に投資家が最初から最後まで所有した場合の利回りのことです。ここでは利率が１・１％、発行価格が99・97円、年限は５年ですので、以下のように決まってきます。

応募者利回り＝（1.1+(100-99.97)/5））/99.97=0.0110633・・・≒1.106%

日本と米国における債券価格の計算方法で異なる点は、単利と複利の違いです。日本では単利が事実上の標準となり、売買価格の基準になっています（もちろん、複利でも計算は行われています）。

トヨタ自動車の子会社である「トヨタファイナンス」は、トヨタグループの資金管理を請け負う金庫番です。トヨタ自動車本体と実質的にクレジット面ではまったく変わらないため、本体と同様のＡＡＡ（トリプルＡ）を取得しているわけです。

ＡＡＡは、最上位の信用を誇る証明であり、日本国や米国の国債と同レベルです。ちなみに、トヨタの本社債の財務代理人となっている三菱東京ＵＦＪ銀行はＡ＋（Ｓ＆Ｐ）であり、他にも東京電力のＡＡ（Ｓ＆Ｐ）、三菱地所のＡ＋（Ｓ＆Ｐ）よりも上です。

肝心のトヨタの社債価格の決まり方ですが、以下のような手順で決まってきます。
①投資家からのデマンド（需要）をみて利率決定（この場合、１・１％）
②市場で取引されている同年限の日本国債の利回りにトヨタのスプレッドを上乗せして、最終的に応募者利回りと発行価格の決定（この場合、１・１０６％、99・97円）
実際は、受渡し日なども勘案しますが、ここでは割愛します。

■スプレッド

ここで重要な点は、「スプレッド」です。

スプレッドとは、基準となる同年限の国債利回りもしくはスワップレートに上乗せされる利幅のことで、**０・０１％のことを１ベーシスポイント（１bp）と呼びます**。つまり１００bpで１％となります。

財務省のホームページでは国債の発行条件などを見ることができます。ちょうど平成20年４月15日は5年限の日本国債が発行され、利率は０・８％となっています。トヨタファイナンスとは受渡し日も違うので、同等にみることはできませんし、国債の実際の利回りはやはり利率とは違うので、厳密にスプレッドがいくらだったかは証券会社に問い合わせる必要があります。その上で、市場の変動を考えても、トヨタファイナンスと国債の利回り格差であるスプレッドは30bp前後、つまり、0・3%前後の差でしかなかったことが予想できます。

このスプレッドは、債券取引市場では重要な意味を持っています。

たとえば、格付けがA（シングルA）であった場合に、ある企業が新規に社債を発行しようとします。その場合、利率などをどのように評価したらよいのでしょうか。

答えは、シングルAを取得し、取引されている他の企業のスプレッド水準を目安にし、企業側と投資家、それを仲立ちする証券会社の駆け引きによって決まってくるのです。

具体的には、シングルA水準の他の企業のスプレッドが25bp〜40bpであれば、先ほどの企業はその範囲の中で決定されるでしょう。そして、それがIT関連企業だったり、不動産企業のような景気敏感系の企業の場合はおおよそ40bp近辺での取引となるでしょう。

スプレッドは最後まで駆け引きの対象です。スプレッドが決まれば、利回りが決まり、そして発行価格は決まってきます。利率は早い段階で確定されてきますので、発行価格で調整がなされることになります。

既述の応募者利回りの計算式において、分母は発行価格でした。したがって、最終の価格調整段階では、次のような関係が成り立ちます。

スプレッド拡大↓応募者利回り上昇↓発行価格低下

スプレッド拡大は、投資家が信用面で慎重に見ていることの表れであり、先ほどのサブプライムショックにおけるスプレッド拡大については、背景にはこのような信用不安があるということを表していることと同義であるのです。

これがもし銀行融資であれば、個別企業と個別の銀行との間で完結してしまうため、そもそもすべての価格が需要と供給で決定される市場原理からすると、異質なものになっているとも言えます。もちろん、銀行融資においても、大企業や優良中堅企業であれば、財務担当者の努力などで、銀行団を一列に並べ、価格競争させることもできるかもしれませんが、そのような面倒はコストに見合わないかもしれません。

以上のように、債券取引は、厳格な市場原理にさらされ、優良企業は際立って有利な条件を引き出すことで、さらなる業績拡大に利用できるという素晴らしさがあります。

また、債券投資家にとっても、自らの保有債券の価格を確認でき（格付け取得済みの債券が中心となりますが）、価格が見えることで売買の対象にもなり得るわけです。

5 債券・債券関連商品の解説

一口に「債券」といっても、次ページのように多様な種類があります。

対極にある株式には、配当があるかないかくらいの違いしかありませんので、仕組みにおいて違いを出すことはあまり一般的ではありません（もっとも、最近では議決権数の違いや優先劣後構造を持たせた種類株式の発行も多くなっています）。

実際、債券は次のような条件を発行ごとに決められます。

債券の発行条件の代表例：担保の有無、早期償還条項の有無、利息部分の仕組み設定、株式転換オプション、期中元本償還の有無、管理会社の設置有無、異なる社債券面の発行（たとえば、同じ社債であっても、１００万円券面、５００万円券面などを同時に発行すること）等々

なぜ、このように自由であるかというと、基本的に社債は発行企業とそれを購入する投資家の二者間の個別契約であるからです。その結果、ある企業が社債を発行した場合、第

債券の種類

＜基本となる債券群＞

政府・公共機関が発行する債券
日本国債　地方債
政府機関債

民間企業が発行する債券
社債　転換社債

特別法に基づき銀行が発行する債券
金融債

外国政府・企業が発行する債券
外国債券（外債）

＜債券を用いた発展的商品＞

外国債券に投資する投資信託
先進国政府機関債券組入型投信
（グローバル・ソブリン・オープン型）

あらゆる資産を担保に発行する債券
証券化商品
（ＣＬＯ、ＣＢＯ、ＣＭＢＳ等）

オーダーメード型債券
仕組み債

債券の種類別特徴（各債券につき、筆者がＡ～Ｅで５段階評価したもの）

	利回り傾向（高い利回り：Ａ）	元本の安全性（高い安全性：Ａ）	期中の変動性（低い変動性＊Ａ）	流動性（高い流動性：Ａ）
国債	Ｅ	Ａ	Ａ	Ａ
政府機関債	Ｄ	Ａ	Ｂ	Ｂ
地方債	Ｃ	Ｂ	Ｂ	Ｂ
社債	Ｂ	Ａ～Ｃ	Ｃ	Ｃ
金融債	Ｃ	Ｂ	Ｂ	Ｃ
転換社債	Ｂ	Ｃ	Ｄ	Ｄ
外国債券	Ｂ	Ｂ	Ｄ	Ｅ
グロソブ	Ｂ	Ｃ	Ｄ	Ｃ
証券化商品	Ｂ	Ｂ	Ｅ	Ｄ
仕組み債	Ａ	Ｂ	Ｅ	Ｅ

1回目の社債と半年後に発行する第2回目の社債は、たとえ同順位（弁済順位が同じ）であっても、償還期日もしくは利率のいずれかが少なくとも違うのであれば、異なる社債という扱いを受けます。

株式であれば、第1回目の募集と半年後の第2回目の募集であろうと、同一企業が発行する普通株式である限り、法的扱いはまったく同じとなります。

以上のような前提知識の上で、身の回りにある債券にはどんなものがあるのか、説明します。

■日本国債

債券の中でも最もメジャーなのは、やはりなんといっても最大の流通量と発行量を誇る日本国債です。

まずは、平成20年度末に見込まれる国の借金の状況を見てみましょう。

次ページの上の表は、財務省が発表しているものです。これによると、国全体の借金は合計で889兆3814億円（内国債＋借入金＋政府短期証券）ということになります。

表に出てくる「内国債」とは、単純に起債（債券を発行すること）地が国内ということの意味です。また「政府短期証券」というのは債券であり、利率はなく、割引形式で3カ

平成 20 年度末　国の借金（見込み）

（単位：億円）

内国債合計 6,897,877	普通国債 5,553,118	建設国債	2,357,418
		特例国債	2,917,349
		減税特例国債	37,594
		日本国有鉄道清算事業団承継債務借換国債	187,668
		国有林事業承継債務借換国債	24,349
		交付税及び譲与税配布金承継債務借換国債	8,741
	財政投融資特別会計国債		1,326,967
	交付国債		6,220
	出資国債等		24,219
	日本高速道路保有・債務返済機構債券承継国債		7,353
借入金			575,856
政府短期証券			1,420,081
		合計	8,893,814

平成 20 年度　国債発行予定額

（単位：億円）

区分	平成 20 年度予定
カレンダーベース市中発行額	1,051,000
第Ⅱ非価格競争入札	25,140
前倒し債発行減額による調整分	10,537
市中発行分　計	1,086,677
個人向け国債	62,000
その他窓半	18,000
個人向け販売分　計	80,000
日銀乗換	96,223
財投債経過措置分	-
公的部門　計	96,223
合計	1,262,900

月程度の期間で償還されます。よって、国債を内国債と政府短期証券の合計であるとすると、国債残高は831兆7958億円となり、国の総負債額の実に94％が国債で賄われていることになります。

そして、前ページ下の図のように、平成20年度の国債発行予定額は126兆2900億円を予定し、その中で市場を通じた発行は合計で108兆6677億円が予定されています。つまり、資本市場から108兆円以上を調達しなければならないわけです。残りは、個人向け国債からの6兆2000億円や公的部門からの調達等により賄われることとなります。

約100兆円もの国債の発行は投資家なくして成立しません。この国債の第一の買い手は、実は証券会社です。

日本では2004年に制度改正があり、それまでのシンジケート団による国債引受制度（通称：シ団引受）から、国債市場特別参加者制度（通称：**プライマリーディーラー制度**）に移行しました。

このプライマリーディーラー制度は、米国を初めとする欧米各国ではすでに行われているもので、指定された引受け金融機関は毎回の国債発行額の3％以上を応札（応募）し、10年国債であれば1％以上を落札（購入）しなければならないという責任を負うものです。

責任だけでは営利企業である金融機関のメリットはありませんので、権利としては財務省が四半期ごとに開催する国債市場特別参加者懇談会や買い入れ償却のための入札、非価格競争入札への参加などが可能となります。

この制度の背景として、財務省として発行する国債を安定的に消化していくことを担保したいということがあります。そして、コンスタントに応札と落札をしなければ、指定業者から外れるというペナルティーを課しています。

この指定業者については、財務省で公表されており、25社あります。その中で銀行はメガバンクの3行のみで、他は日本ならびに外資の証券会社で構成されています。

ちなみに、財務省公表データによると、平成19年10月から平成20年3月までの落札総額の上位10社の顔ぶれは以下の通りです。

1位　野村證券
2位　大和證券ＳＭＢＣ
3位　三菱ＵＦＪ証券
4位　リーマン・ブラザーズ証券
5位　ゴールドマン・サックス証券
6位　みずほ証券

7位　モルガン・スタンレー証券
8位　日興シティグループ証券
9位　バークレイズ・キャピタル証券
10位　ＲＢＳ証券

以上の顔ぶれをみてもおわかりのとおり、銀行のシェアはほとんどありません。つまり、日本政府の資金はプライマリーディーラーのメンバーである証券会社各社の存在があって初めて成立すると言えます。

実際には、証券会社を通じて、銀行や地方の信用金庫、生命保険会社などが運用対象として国債を購入していくわけですが、証券会社は国債の流通の中心的役割を果たしているのです。この事実は、実際にはマスメディアでもあまり報道されません。一般国民にとってはあまり関係のないことですので、関心も持たれないのでしょう。

しかし、財務省にとってみれば、これは証券会社から資金供給を受けていることに等しく、その存在は絶大なものでしょう。証券会社がすべて崩れてしまっては、国債は発行できず、国民生活に支障をきたします。

ちょうど、米国ではサブプライムローン問題の最中で、大手証券会社のベアー・スターンズが資金ショートを起こし、つぶれかけました。同社の資金繰りを支援するため、ＦＲ

Ｂ（米連邦準備制度理事会）は大手銀行ＪＰ・モルガンを通じて資金を大量に供給し、同社が抱えるサブプライム関連の商品在庫をオフバランス化させるスキームを迅速に組み立てました。ＪＰ・モルガンは一時期２兆円近い時価総額を誇った同社を数百億円程度で買収しようとしていますが、いずれにせよ結果として、最悪の事態は避けられました。

なぜＦＲＢがベアー・スターンズを救済しなければならなかったかという点は、同社がプライマリーディーラーであったという点に注目しなければなりません。

もし、他のプライマリーディーラーも同様に倒れる事態となれば、米国債の一次的な買い手は少なくなり、米国債は暴落する危機も招いてしまいます。

今まで、米国債を買ってきた恩というものでは片付けられないでしょうが、明らかに「ギブ&テイク」の関係にある、財務省とプライマリーディーラーの関係の重要性を物語っているとも言えるでしょう。

では、実際の国債はどのような条件になっているのでしょうか。平成20年3月4日に入札が行われた第２９０回10年利付国債の入札結果をみてみましょう。

47ページの図をみれば、年率約１・４％のものをプライマリーディーラーは落札価格平均１００円25銭で総額1兆７２９８億円購入したことがわかります。これらを銀行やヘッジファンド、地銀等に分配していくことになります。

ちなみに、銀行等がこれらの国債で運用する収益はメガバンクともなると数千億円規模になり、その貢献度は実際の融資業務を凌ぐことも珍しくはありません。

「預貸率」というものがあり、これは預金者からの資金のうちどの程度を貸出に振り向けているかを表していますが、少なくとも私の知っている限り、地方金融機関等においては5割前後であり、その残りは主にこれら国債で運用しています。いわば、預金者はこれらの国債運用益から預金利息を得ていると言っても過言ではないわけです。

逆ザヤとは預金金利よりも貸出金利や運用収益が低いことをいいますが、もちろん逆ザヤを避け、諸経費を差し引くと、どうしても預金利息は少なくとも国債利率以下のものにならざるを得ません。

そのような状況下で登場したのが、個人向け国債ですが、これは証券会社にとってみれば、貯蓄志向の投資家の資金を呼び込み、直接金融への導入商品にしたいという思惑が、財務省にとっては市場外の資金調達ルートを確保したいという思惑があり、両者が一致した産物であるのでしょう。

とはいえ、個人向け国債は身近で最も安全な債券であるとも言えます。

ちなみに、2タイプ（変動利付個人向け国債、固定利付個人向け国債）があり、各々の違いは以下の通りです。

第 290 回　10 年利付国債の入札結果

1．名称及び記号	利付国庫債券（10 年）（第 290 回）
2．発行根拠法律及びその条項	財政法（昭和 22 年法律第 34 号）第４条第１項及び平成 19 年度における財政運営のための公債の発行の特例等に関する法律（平成 19 年法律第 25 号）第２条第１項並びに特別会計に関する法律（平成 19 年法律第 23 号）第 46 条第１項、第 47 条及び附則第 76 条第１項
3．表面利率	年 1.4 パーセント
4．発行日	平成 20 年３月 21 日
5．償還期限	平成 30 年３月 20 日
6．価格競争入札について	
（1）応募額	4兆 8,121 億円
（2）募入決定額	1兆 7,298 億円
（3）募入最低価格（募入最高利回り）	100 円 22 銭（1.374%）
（4）募入最低価格における案分比率	56.5049%
（5）募入平均価格（募入平均利回り）	100 円 25 銭（1.371%）

	変動利付個人向け国債	固定利付個人向け国債
期間	10年	5年
利率	直近の10年国債の利率から0・8％差し引いた金利	直近の10年国債の利率から0・05％差し引いた金利
最低利率	0・05％	同上
最低単位	1万円	1万円
途中換金	1年後から国が買い取り	2年後から国が買い取り
税金	20％の源泉分離課税	同上

■社債

社債は法人企業が発行する債券全般を指します。現行の会社法が施行されるまで、商法の規定により社債を発行できるのは株式会社のみに限られていました。さらには平成14年1月までは「適債基準」なるものが存在し、一定の格付け以上でなければ公募形式での発行は制限されていました。また、会社法施行まで株式会社の資本金は1000万円以上である必要もありましたので、一部の大企業を除き、社債の発行はやはり日常的なものとまではいかないものでした。

しかし、平成18年5月に施行された現行の会社法では、この最低資本金規制が取り払われ、さらに株式会社のみならず、合同会社、合資会社、特例有限会社（旧有限会社）などすべての法人が社債を発行できるようになりました。

社債は「優先劣後構造」を取ることなどによって、利率のバリエーションを増やすことが可能ですので、今後は小規模企業でも、役員などが劣後社債で利息により一定の収入を得るなどの取り組みも一層行われてくるでしょう。

また後述するように、個人に関しては社債の利息は源泉分離課税が適応され、一律20%の課税となっていますので、給与所得の多い方々や役員などの活用もあり得ます。

２００７年においては、公募普通社債の発行額は9兆円を超えており、２０００年に入ってからは最も多い発行額となりました。

その一方、一般に売り出されない私募社債も、公表される発行額だけで２００７年は3兆円弱の規模を誇っており、毎年3兆円前後となっています。

なお、公募と私募の違いは、募集ならびに勧誘の人数が50人以上の場合は公募として、50人未満であれば私募として扱われるという点です。これらは金融商品取引法が要求する要件を充足する必要があります。

さて、公募の普通社債とは、一般にどのような商品になっているのでしょうか。以下、公募であれ、私募であれ、企業が社債を発行するときに投資家向けに差し出す一種の契約条件である簡単な社債要項をみてみましょう。ここでは、平成18年9月7日に発行された三菱重工の社債をご紹介します。

次ページの表を見ておわかりのとおり、平成23年までの5年の社債で年率1・45％の利率となっています。

「応募者利回り」というのは投資家が買ってもよいと判断した利回りのことで、この事例では会社側が提示した利率とたまたま一致したため、発行価額も100円となっています。もし、応募者利回りが利率よりも高ければ、発行価額は100円以下になりますし、その逆のケースもあり得ます。換言すれば、発行価額が100円以下になるということは、応募者利回りは高くなるということになります。このことは次の式で明らかとなります。

$$\text{応募者利回り} = \frac{\text{利率} + \dfrac{(100\text{円} - \text{発行価額})}{\text{発行年数}}}{\text{発行価額}}$$

三菱重工の社債発行条件（2006 年９月７日）

発行会社	三菱重工株式会社
社債名称	第 18 回無担保社債（社債間限定同順位特約付）
発行額	100 億円
利率	年 1.45%
発行価額	額面 100 円につき 100 円
応募者利回り	年 1.450%
各社債の金額	１億円
償還期限	平成 23 年９月７日
償還方法	全額満期（買入消却可）
利払日	３月７日、９月７日
担保	本社債には物上担保及び保証は付されておらず、また特に留保されている資産はない。
財務上の特約	担保提供制限条項
申込期間	平成 18 年８月 29 日
払込期日（発行日）	平成 18 年９月７日
財務代理人	三菱東京ＵＦＪ銀行
振替機関	証券保管振替機構
取得格付	ＡＡ－（ＪＣＲ）、Ａ＋（Ｒ＆Ｉ）
引受会社	日興シティーグループ（主幹事）、野村（主幹事）等
資金使途	運転資金、設備資金

この計算式により、利回りと価格は反比例（逆の動き）の関係にあることがわかります。

次に、「財務上の特約」とは、発行会社の財務内容を縛るものであり、これによって社債権者の地位保全を図るものです。この社債においては「担保提供制限条項」がありますので、他の社債に担保をつける場合は、本社債にも同順位の抵当権を設定できるという内容となっています。ちなみに、担保提供制限条項の他にも、利益維持、配当制限、純資産維持、留保資産提供、期限前償還、担保切換、留保物件切換などが設定できます。

次に、「財務代理人」については、海外ではFiscal Agentと呼ばれて一般化している慣習を日本国内に適応させたものです。役割としては、社債管理会社を設置しない債券の発行・期中・償還事務（元利金の支払い事務等）について、発行会社の代理人として行うことを主な業務としています。この財務代理人がつく社債はＦＡ債とも呼ばれます。元利金支払業務の他に、利払時の源泉徴収など、発行者が社債残存期間中に行うべき事務の一部を代行する場合もあります。日本では、社債管理会社については、社債券面が1億円以上もしくは社債の数が50未満であれば、設置不要となっています。しかし、実際には企業側で多数の投資家に利息支払処理を直接行うのは現実的ではないため、その事務代行を財務代理人が行うことが慣例となっています。

最後の「引受会社」の役割は、企業が出す社債を全額買い取る義務を負うことが一般的です。そもそも発行される社債に関しては、一義的には引受証券会社が全額資金供給するわけで、投資家への販売が満額までいかない場合、引受証券会社が抱えることになります。企業側からすると、最終投資家への販売が１００％までいかなくても、予定された資金調達を行うことが可能となりますが、証券会社は売れ残り社債（「募残」と言います）を所有しているだけ、リスクを抱えることにもなります。証券会社は、金融における商社のような役割を果たしていると言えるでしょう。

■金融債

旧・日本長期信用銀行や旧・日本興業銀行、旧・日本債券信用銀行などが発行していた債券のことで、それぞれ「ワリチョー」「ワリコー」「ワリサイ」などと呼ばれていました。これらは前記の各行が長期信用銀行法を根拠に、産業界への長期資金を提供する必要性から生まれたものです。利付金融債と割引金融債の２種類がありました。かつては行列ができるほどの人気商品で、今日でも部分的に発行されています。取り扱い金融機関と各行が発行する金融債の愛称などは55ページの表の通りです。

金融債が戦後日本の債券市場で重要な役割を演じてきたのは確かです。平成19年だけでも発行額は６兆５０００億円を超えており、同時期の公募普通社債の発行額が９兆１００

0億円であることを考慮すれば、債券市場においていまだに大きなシェアを握っていることがわかります。

もっとも、金融債は戦後の時代背景から生まれた、まさに「遺産」であると考えられます。戦中期から日本では銀行中心の金融システムが統制経済によって生まれました。そして、その流れは戦後も変わらず、その日本型長期金融システムにおいて、大きな役割を果たしたのが長期信用銀行（長信銀）と信託銀行でした。つまり、長信銀は日本の産業界、特に大企業の長期設備投資資金供給を安定化させ、早期に成長を加速させるための役割を与えられたと言えるのです。

一般事業会社が社債を発行する場合、商法によって資本金と準備金の合計額（1977年から社債発行限度暫定措置法により2倍に、電力会社は4倍に拡大された）までしか発行できないのに対し、長信銀は20倍まで債券（金融債）を発行でき、それによって調達した資金を長期に貸し出すものでした。

しかし、欧米、とくに英国と米国では、企業の長期設備資金は社債の発行によるのが原則であり、銀行が債券を発行して得た資金を長期貸し出しするという形で投資家と企業の中間に介入することは、企業が中小企業や未成熟企業であるため証券市場で資金を調達できないか、社債を発行できても高利回り（高い賃金コスト）にしなければ売りさばけない

金融債の種類

銀行名	利付債	利付債（半年複利）	割引債	割引債
みずほ銀行 みずほコーポレート銀行	リッキー（5年）	リッキーワイド（5年）★	ワリコー（1年）	ワリコーアルファ（1年）★
新生銀行	リッチョー（5年）	リッチョーワイド（5年）★	ワリチョー（1年）	
あおぞら銀行	リッシン（5年）	リッシンワイド（5年）★	ワリシン（1年）	あおぞらスーパー（1年）★
東京三菱銀行（2002年3月末で発行終了）	リットー（3年）	ハイジャンプ（3年）★	ワリトー（1年）	
農林中央金庫	リツノー（5年）	リツノーワイド（5年）★	ワリノー（1年）	
商工組合中央金庫	リッショー（5年）	リッショーワイド（5年）	ワリショー（1年）	
信金中央金庫	2年物 5年物			

（　　）内は償還期限、★は預金保険制度の保護対象商品

ときにだけ、銀行に一定の役割があると考えられました。

高度成長期に長信銀が発行する利付金融債の主要な買い手は都市銀行でした。長信銀は、都市銀行の大企業向け長期固定貸し出しを媒介としたわけであり、都市銀行は直接長期貸付債券を持つ代わりに金融債を保有し、資金の必要なときには金融債を売却できるから資産の流動性を守ることができたのです。つまり、長信銀は「都市銀行→大企業」の融資集中のメカニズムの一部であって、厳しい統制によって発展を阻害される債券市場に代わる長期資金供給システムとして位置づけられました。

そして、証券会社は長信銀資金の残り3分の1を吸収すべき割引債小売販売機関の役割を果たし、金融債は高度成長期の債券市場の中心的債券としての地位を占めたのです。

しかしながら、旧・日本長期信用銀行の破綻及び国有化の後を受けた新生銀行は平成16年4月に普通銀行へ転換し、東京三菱銀行も金融債の発行を2002年3月で終了するなど、金融債の発行は年々縮小傾向にあります。それでもなお、普通社債の発行と肩を並べる発行額を誇っているのは、特筆すべきことでしょう。

■証券化商品

証券化商品とは、具体的にはその形式が社債もしくは信託受益権である場合がほとんどです。

証券化商品といえば、現在では必ずしもよいイメージばかりではないかもしれません。というのも、昨今話題となっているサブプライムローン問題の渦中にあるのがこの証券化商品であるからです。サブプライムローン問題が表面化するまで、この言葉は一部の市場関係者や専門家などの間でしか馴染みのないものでしたが、今や言葉だけは一般的になってしまいました。

では、そもそも「証券化」とは一体何でしょうか。

証券化とは、文字通り「証券」に「化けさせる（変身させる）」ことと言えるでしょう。「証券」とは、流通し売買可能な対象物を指します。たとえば、銀行が各個人に住宅ローンを供給し、その一本一本を売買しようにも、あまりにも小口化されすぎて、売買の対象物にはなり得ません。そこで、それら住宅ローンを百億円単位でまとめ上げ、それを裏づけとした社債や信託受益権に形を変えて、しかもそこに格付けを得ることにより、機関投資家は安心してそれら社債や信託受益権を買うことができます。このとき、住宅ローンが社債などに変身し、有価証券として取引可能な対象物へ変身することから、この流れを「証券化」と呼ぶようになりました。

日本では、日本証券業協会発表資料では２００６年の証券化商品（資産担保証券）の発行額は3兆円を超えています。同時期の社債発行額は6兆円超なので、社債発行額のほぼ半分を占めるに至ったことがわかります。しかし、2007年はサブプライムショックの影響を受け、一転して7000億円代に激減しています。

なぜこのような証券化商品の発行が盛んに行われるようになったのでしょうか。それは、銀行は少しでも資産を軽くし、住宅ローンも持ちきりではなく、一度融資したものを転売して、浮いた資金で再度融資を行うことを繰り返すことにより資産効率を上げ、また手数料を稼ぐことが可能になるからです（手数料は、あらゆるところから発生しますが、ここでは割愛します）。

このほか、証券化においてSPC（特別目的会社）が裏づけとするものは、商業用不動産担保ローンや消費者ローンです。前者は特にCMBS（commercial mortgage backed securities）などと呼ばれます。

そもそも、商業用不動産担保ローンの担保は不動産であり、消費者ローンも返済原資は債務者たる個人であり、それらの環境の動向次第では、ローンも滞ります。結果として、SPCが発行した社債や信託受益権にも影響してくるわけです。しかし、銀行にしろ、証券化アレンジメントを行う証券会社にしろ、回転数が多ければそれだけ手数料が入りますので、とにかく証券化ホリックといってもよい状況になっていたのが2006年まであ

証券化のしくみ

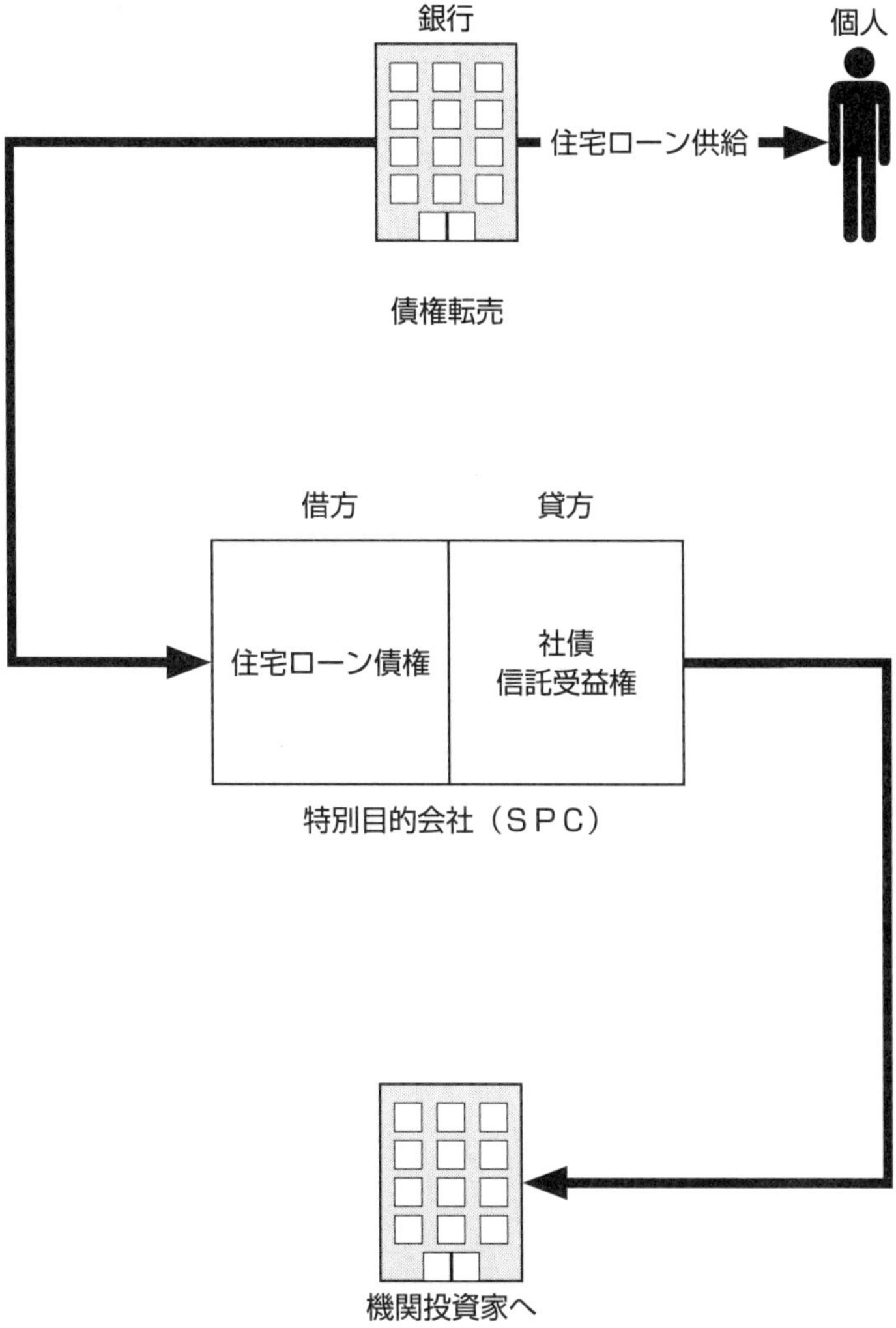

ったといってよいかもしれません。この結果、本源的な資産である不動産などへの資産査定が二の次になってしまうことは容易に想像できます。つまり、売れればよいという流れがあったのです。

サブプライムローンはまさに証券化の対象として、大規模な市場を形成していましたが、前述した風潮が頂点に達したときに、住宅資産バブルの崩壊とともにサブプライムローン担保の証券化商品市場も総崩れになったわけです。

東京都では、石原慎太郎都知事の公約どおり、中小企業向け融資債権を束ねた証券化商品の発行が実施され、実際にこの枠組みを利用した融資制度などが登場しました。何でも商品名をつけたがる金融市場において、これらは「CLO」と呼ばれています。CLOとは、Collateralized Loan Obligation の略で、直訳すれば「ローン担保証券」となるのでしょうか。ちなみに、金融機関等が中小企業向けに引受けた社債を束ねた証券化であれば、「CBO（Collateralized Bond Obligation）」と呼ばれ、前述のCLOも含めて広義では、「CDO（Collateralized Debt Obligation）」と言います。

実際、これら証券化商品の形式は、ほとんど普通の社債の条件と同じです。ただし、一般的に同じ格付けの普通社債と比べて、利回りが高かったり、満期一括返済ではなく期中の一部返済があったり、少し違っている点はあるかもしれません。

東京都北部のある信用金庫は、積極的な運用方針で有名でしたが、利回りの高い証券化商品も多く購入していました。しかし、結果としてサブプライムショックによる、証券化関連商品の価格下落により、ポジションの評価損失を計上し、信金中央金庫より、資本支援を受けることになりました。

同信金が、証券化商品をそれほどまでに積極的に購入してしまった理由は、まさに優良貸出先に悩む信金にとっては、相対的に利回りの高く、格付けも付いている証券化商品は救いの女神であったからかもしれません。

私は、裏づけ資産が日本国内のものであって、資産の目減りがないのであれば、そのような資産を担保にした証券化商品の価格下落は、単純に買い手不在に伴う需給関係上の下落に過ぎず、もしかするとある段階ではお得感もでてくるのではと考えています。

証券化商品とは、金融マジックの側面を有していると感じるときがあります。というのも、そもそも格付けすらつけられないような住宅担保ローンを束ねた結果、そのポートフォリオのリスク分散効果も機能して、ある部分まではＡＡＡクラスの格付けが取得できるようになり、**金融機関にとっても住宅ローンをバラバラに持ち続けるよりも、自己資本比率を維持するためには好都合であり、そのような流れが続く限りは、結果として必要以上に市場を通じて大量の資金が住宅を含む実物資産市場に供給される構図になるからです。**

これは一般で言うところのバブルを引き起こす最大の原因となります。 しかも、低金利であるがゆえに、金融機関はますます少しでも高い利回りを求めようとします。

■グローバルソブリンオープン

これは言わずと知れた、国民的な投資信託です。投資対象が債券である投資信託の代名詞と言っても過言ではないでしょう。日本の金融市場の歴史に名を刻むことになるかもしれません。

このグローバルソブリンオープンは、追加型株式投資信託となっていますが、実際は日本を含む先進国の政府系（ソブリン）機関が発行する債券へ投資する債券投資ファンドと言えます。毎月分配型の投資信託として非常に人気を博し、現在のところ合計で6兆円規模に膨れ上がっています。

そもそも、債券へ投資する同様な投資信託は、他の投資顧問業者もラインナップの一つとして揃えていたにもかかわらず、なぜこのグローバルソブリンオープンがこれほどまでに国民的人気を得ることになったかは、学術的な検証対象としても価値はありそうです。

ヒットした要因の一つはもちろん運用や販売努力もあったかと思いますが、毎月分配型に仕立て上げた点が最も大きかったのは確かでしょう。

この通称「グロソブ」がヒットする以前は、毎月分配型投信が年１、２回程度の分配型投信よりも優れている点に合理性を見出すことができないとされてきました。なぜなら、分配金総合額は、分配するよりも再投資した方が、複利運用効果により資産を大きくさせることができるからです。

ただし、グロソブは分配金そのものを再投資することを選択できるようですので、複利運用効果を追求することは可能のようですが、分配金には課税されてしまいますので、それは非合理であると言えます。

しかし、当初の誤った先入観や常識では、毎月分配型が広く受け入れられるというアイディアに対しては、販売側の証券会社のみならず他の資産運用会社では疑心暗鬼であったのは間違いありません。実際、世界を見渡してみて、このような毎月分配型を銘打った投資信託が好まれるというのは、日本独特かもしれません。

しかし、何はともあれ、日本人は毎月分配されることは好きなのです。これは、日本人の富裕な人が不動産を多く所有する傾向にあることと密接に関連しているのかもしれません。不動産であれば毎月「賃料」という収入を得ることができますが、まさにグロソブは不動産投資と同様の効果をもたらしてくれるのです。

それまでの業界常識を覆すグロソブの大ヒットにより、「毎月分配型にすれば投信は売れる」というのが逆に今や業界常識となっているというのは、私の大学時代のゼミ仲間で現在アセットマネジメント業界に身を置いている友人の弁です。

グロソブ自体は債券ではありません。あくまで投資信託であり、ファンドです。しかし、個人や法人、機関投資家などの投資家から集められた資金で投資している対象は高格付けの政府系機関発行の債券であり、その元本の保証はなされず、その収益は投資対象のみに依存することから、実質的に投資家は小口ながらも債券に分散投資していることと、なんら変わりはありません。

今やグロソブは証券会社のみならず、メガバンク、地方銀行、信用金庫などで販売されており、1万円単位で購入できることから、老若男女問わず、特に年金代わりに購入している方々も多いはずです。その中には債券の意味合いを知らずに、安心して購入している人もいるかもしれません。

強調すべきは、実質的に多くの方々が債券を購入していること、そしてその金額はグロソブ以外も含めて日本の個人金融資産において一定のシェアを占めはじめていることは、債券の普及に身を置く立場としては、非常に好ましいことであると感じます。

しかし、その一方で、若干ながら懸念すべき点がいくつか存在します。

それは第1に為替の変動を受けるということです。グロソブの投資資産のうち1割程度は日本の債券ですが残りの９割は外国の債券です。したがってヘッジの有無を問わず、為替の影響は避けられません。その点で、せっかく高格付け債券に投資しているにもかかわらず、円高で投資対象資産の円ベース価格が下落し、結果として投資元本を減らしてしまうこともあり得るかもしれません。５％の利回りは高いように見えますが、既述したとおり、投資元本が為替変動により毀損するリスクを常に抱えています。

第２に、外国の政府機関発行債券へ投資するということは、国内の個人・法人等の資金が国外に流れることを意味します。これが短期的な投資であれば、いずれ戻ってくるわけなので問題ないでしょう。しかし、グロソブのみならず、これら外国債券等に投資する毎月分配型の投資信託は、着実に資金が集まっており、この流れが止まることは今のところ考えられませんので、国内資金が継続して国外流出していることと同義です。仮に、もしグロソブの総資産である６兆円が国内への投資に向かっていたとすれば、国内の産業界にもたらした影響は計りしれないものがあります。

もっとも、グロソブが叩き出す５％前後の利回りが投資家の要求収益率であるとすると、国内でそれにマッチングする投資対象を見つけるのは容易ではなく、しかもＡＡＡクラスの格付けとなれば、皆無に等しいのが現実です。つまり、国内で高格付け企業などはそもそも低金利を享受できるので、グロソブ投資家が求める投資家の資金を必要としないとも言えるかもしれません。

財務省の肩を持つわけではありませんが、国内資金はできるだけ国内産業に流入させ、そのリターンを国内で享受し、そして再投資するメカニズムが有効に機能することが理想と私は考えています。アラブ諸国のように有り余るドルを運用しなければならない状況ではなく、日本国内ではむしろ資金を必要としている主体が政府機関、民間問わず多いのですから。

その意味において、現在1500兆円と言われる個人金融資産を国内債券市場に流す施策を税制面も含めて政府がバックアップする体制作りは、本当に必要なことと思われます。現在の日本の個人投資家は、本当に元気があると思います。当初は儲からないと言われていたネット証券ビジネスも個人投資家の支えと証券会社側の創意工夫により、儲かるビジネスになり、証券市場の活性化に少なからず貢献しました。

その結果、株式市場が活況を呈した2005年の中間期では、経常利益で松井証券が140億円を超え、証券会社全体で5位になり、ネット証券大手5社で個人投資家の売買代金が占める割合は半分を超えるまでになりました。

また、外国為替証拠金取引（FX）は最もアグレッシブでハイリスクでありますが、個人マネーの勢いは止まりません。

このように、日本における個人資産の動向は、常識では捉えられない世界があります。**膨大な個人金融資産は、日本における唯一の資源かもしれません。**油田もなくなると言われながらも、やはり膨大な量が眠っているように、国内でまだ眠っている資金を次は国内債券市場へ振り向けることは、非常に意味のあることだと私は思います。

第3章

社債の基礎知識

1 社債発行ビジネス

１９９０年代半ばからの金融制度改革により、１９９５年には社債管理会社が必ずしも必要ではなくなり、１９９６年に適債基準と財務制限条項の撤廃がなされ、株式会社はほぼ自由な社債発行が出来る環境が整いました。そして２００６年にはすべての会社法上の法人（合同会社、合資会社、特例有限会社、株式会社）で社債発行ができるようになったことは、もはや社債発行において規制面で立ちはだかるものはすべてなくなったと表現しても過言ではないでしょう。

米国に比べて、歴然とした差のある日本の社債発行市場とその厚みに関して、日米間の社債発行に関する規制を理由にすることはできなくなりました。

現在、社債関連のビジネスは、発行ビジネスと投資家向けビジネスで成立していると言えます。前者の発行ビジネスは証券会社による引受ビジネスと、銀行が中小企業向けに展開している私募債引受けビジネスでほとんど説明できます。

■証券会社による引受ビジネス

証券会社が行う社債発行業務は、厳密には投資家を紹介する「媒介」業務と、証券会社自らが買い取る「引受」業務で構成されます。後者は法的に証券会社にしか許されない（投資家への販売を前提とする限り）業務です。

具体的には、引受ビジネスは、発行体が資金調達を検討する場合に、証券会社が主に機関投資家の需要動向を把握し、社債の利率・発行額・年限などの各種条件を調整していきます（プレヒアリング）。そして、実際におおよその投資家の目処がついた状況で、証券会社は発行体にＧＯサインを出し、社債発行に踏み切らせます。この際に、第一義的には全額を主幹事証券会社が買い取る形となります。それと同時に主幹事証券会社は、機関投資家にすぐに売りさばくだけでなく、副幹事や販売証券会社なども含めて、すべてのギョク（「玉」：抱えた社債在庫のこと）を捌くことに集中します。

発行会社からすると、たとえば２００億円の社債を発行して、一瞬にして証券会社が引受けてくれるので、ありがたいかぎりです。

しかし、２００億円を引き取った証券会社は、仮に社債の売り残り（募残）が発生した場合、それをディーリング部隊がその後も抱えなければならず、株式のＩＰＯ（新株公開）と同様に、発行後に価格が下落することもあり得ます。このことは証券会社としてリスクを抱えることを意味します。

では、証券会社はどこから収益が発生するのでしょうか。これは時代ごとに変遷があるかもしれませんが、２種類で構成されると考えてよいでしょう。一つは発行体からの手数料であり、２つ目はスプレッド収益です。前者はほぼ固定であり、大手企業でも１０００万円収受できればいい方なので証券会社にとっては目を見張る大きさではありません。後者のスプレッド収益は、証券会社の采配で大きくも、小さくもなります。

このスプレッド収益とは、簡単に説明すると、差益のことです。たとえば、発行体から社債価格99円で引き受け、投資家に１００円で販売した場合、総額が２００億円であるならば、最終的に2億円の収益が計上されることになります。また、ある時期を過ぎると、いわゆるセカンダリー市場での扱いとなり、社債価格は市場価格となります。この発行時の駆け引きはまさに市場経済における価格決定プロセスを垣間見ることができます。

しかしながら、証券会社による社債引受ビジネスの対象は企業であれば投資適格（ＢＢＢ以上）の格付けを取得している企業のみとなっており、投資適格未満の企業に対しては、社債発行ビジネスの対象にはなりません。それは社債を購入する投資家がいないからです。格付けがＢＢＢ未満の企業に対する資本市場サービスメニューとしては、もちろん株式の

社債発行における証券会社の位置づけ

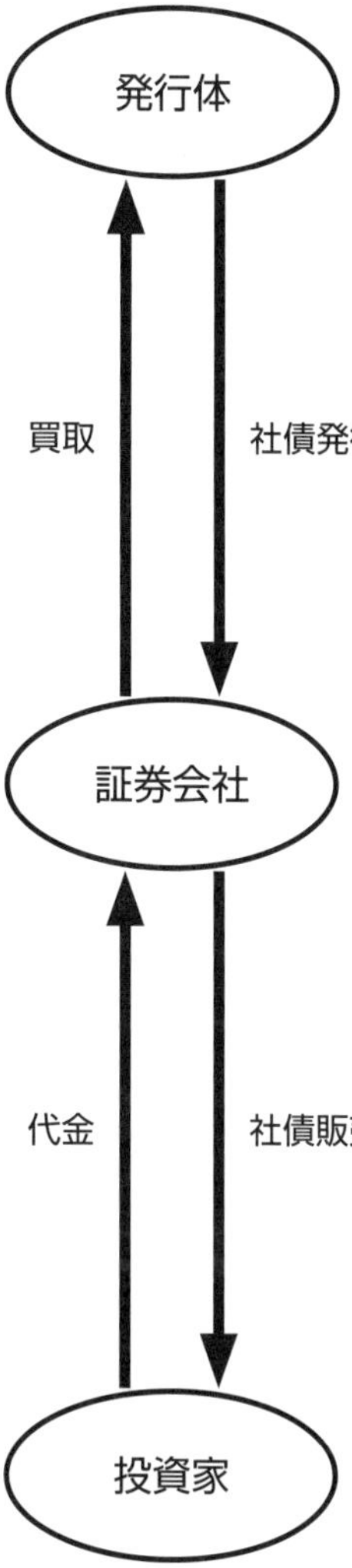

公募もしくは私募による資金調達仲介ならびに資金提供が従来から存在します。ここ5年の間では転換社債型新株予約権付社債もしくは新株予約権の派生型資金調達方法が外資系証券ならびに日系大手証券において第三者割当の形で登場しています。

■銀行引受形式による私募債ビジネス

私募債は原則49人以下の募集に制限されている社債全般のことを指します。中堅クラス以上の企業を対象として銀行が単独で投資家となる社債発行が全国で目に付くようになりました。この私募債は、市場で流通している格付取得済みの社債と少し様相が違っており、ほとんど重なり合う部分が少ないので、ビジネス上は区別して考える必要があります。

銀行引受形式による私募債発行が登場し始めたのはちょうど金融ビックバンの頃と重なります。その一環で前述の通り、一連の規制緩和がなされ、取り組みやすくなったということも後押ししただけでなく、銀行の収益構造に対する改善圧力が内外から強まっていたことも背景にあるでしょう。

バブル崩壊後の銀行業務は低金利と貸出先の倒産増加という好ましくない環境に置かれ、いわゆる「リザヤ（利鞘）」だけでは魅力的な収益性を確保できなくなっていました。

そこで、叫ばれていたのが貸出以外の手数料ビジネスの獲得であり、私募債引受けビジネスは手数料稼ぎには最も都合がいいものであったと言えます。

なぜなら、私募債の引受けにおいては、発行時に総額５％前後の諸手数料を獲得できるだけでなく、引受け後も貸出同様に利息を得ることができるからです。通常の貸出では当初からそのような手数料は獲得できる可能性は低くなります。

この私募債が、他の市場流通社債と決定的に違うところは、ほとんどのケースで、期中の元本均等償還が発生することです。通常の流通する社債は満期一括償還が普遍的です。生命保険会社などの投資家にとっても、ＡＬＭ（Asset Liability Management　資産と負債の収支バランスを図ること）の観点からは期中に償還されていくのはむしろ不都合であると言えるでしょう。しかし、銀行側からみると、私募債引受けビジネスはあくまで手数料獲得が主目的である以上、流通を前提とした社債発行条件などはほとんど考慮する余地はありません。利率に関しては、融資基準の利率とほぼ同等であり、いわゆる市場から見た信用リスクを厳格に反映させたものにはなりにくいのが実際のところでしょう。

よって、銀行引受形式による私募債は、銀行融資の代替であり、そこに何らかの付加価値を見出すとすると、発行企業側にとってはある程度イメージ向上に資する可能性があるということでしょうか。

最近のサブプライム問題で抑制的とはなりましたが、銀行が引受けた中堅クラスの私募社債を束ね、それを根拠とした社債「ＣＢＯ（collateralized bond obligation）」を格付け取得の上で機関投資家に販売するという証券化ビジネスもありますが、中には組み入れられた企業のデフォルト（債務不履行）が発生した事例も見受けられます。

そもそも、中堅企業が発行し銀行が引受ける社債は無格付けであり、その意味においてそのような社債は投資不適格債券ということになります。もしそれが市場で流通しているとすれば、かなりの高利回りを要求されることでしょう。

しかし、融資の代替でしかない銀行引き受け社債に関しては必ずしも利回りが高くはなっていません。したがって、以下は私の考え方ですが、たとえ複数の社債を１つのＳＰＣに束ね、ＣＢＯを組成するとしても、資産である銀行引受社債の市場利回りは、より高くなっているはずであり、結果として債券そのものの価格は減じて考慮すべきかもしれません。つまり、ＣＢＯの裏付け資産を再評価した場合は、ＣＢＯのプライシングも厳しく見なければならない可能性が出てきます。

それゆえ、額面ベースではなく、時価資産価値を元にしてデフォルト（債務不履行）確率を計算しトランシェ（発行証券における弁済順位ごとの区分）分けするプロセスがＣＢＯ組成と格付け査定においては必要になってくるでしょう。

2 投資家向けビジネス

現状の日本において債券の投資家層は非常に限られています。主要なプレイヤーは機関投資家であり、その中でも生命保険会社が重要な地位を占めています。そのほか、地方銀行や信用金庫、各種信用組合、財団法人、大学などが挙げられます。これらはいずれも高い利回りよりも安定的な配当と利回りを重視する運用背景があるため、債券投資は運用の主軸となっています。

もっとも、機関投資家の債券投資においては、国債や地方債、公共機関債、政府保証債、金融債などでの運用が中心となり、社債投資に関しては歴史が比較的短いこともあり、大きなウェイトを占めているとは言えません。

■機関投資家向け

機関投資家の中でも生命保険会社は、主要な社債投資のプレイヤーでありますが、それでも国内債への投資のうちの1割〜2割程度と見込まれます。生命保険会社が重視している点は、生命保険会社としての負債に対する支払いタイミングと資産運用収益からのキャッシュインフローのタイミングを合わせることです。これは一般的には「デュレーションマッチング」もしくは「アセット・ライアビリティ・マネジメント（ALM）」と呼ばれる運用方針です。具体的には生命保険会社の負債デュレーションは20年以上の超長期と想定されるため、債券に関してもその年限に合う債券が相応しいということになります。

また、銀行や地方銀行などの金融機関は、BIS規制などの銀行独特の規制の枠組みの中で運用を考えなくてはなりません。

この場合に、最も重要なのは格付けです。格付けが上位にあればあるほどその債券に対するリスクウェイトは小さくてすむため、たとえ利回りが低くても上位格付けを好む傾向にあります（リスクのウェートが高いと、自己資本比率を低める要因となります）。その結果、銀行や地方銀行の運用目的は、その利息収入というよりも、割安な社債を買って割高な社債を売るなどのディーリングであると言えます。

より地元密着型の信用金庫や信用組合においては、一部において利回りの高い社債を求めてBBBクラスであるとしても購入意欲を持っているところもあります。

一般的に、預金取り扱い金融機関の負債デュレーションは生命保険会社よりも格段に短く、５年程度と想定されます。したがって、国債も５年以下のものを好むのと同様に社債も３年から５年ゾーンが好まれる傾向にあるようです。

■投資信託やファンド向け

投資顧問会社が運用するファンドにおいては、ほとんどの場合はベンチマークが設定されており、債券投資を主体とする場合は「ＮＯＭＵＲＡ－ＢＰＩ」など証券会社が設定する指数を基準としています。ベンチマークと大きくはずれずに運用するためには、そのような指標が構成する債券を購入していく必要があります。

たとえば、指標においてある社債のウェイトが高まった場合は、それに合わせて購入せざるを得ないということになります。

■個人向け

企業が個人向けに社債を発行する理由の一つに、投資家層の多様化によるリスク分散が考えられます。投資家が機関投資家限定では特定の投資家に限られる傾向にあります。投資家に偏りがあると、その投資家の行動一つで社債価格が変動する可能性があります。このことは上場企業の多くが株主数の増加を経営課題としている背景と相似します。

長期的な観点から投資を歓迎したい企業と長期的な投資を検討する個人投資家の意向がこのとき一つになるわけです。

さらに、たとえば最終消費者（個人）に名前が知れ渡っている企業にとっては、自社のことを個人の方々の方がより理解してくれていると考え、個人向け社債の発行に振り切ることもありえるでしょう。それは同時にＰＲ効果にもなります。

ただし、一点だけ留意すべき点は、機関投資家の間で懸念が深まった結果として、企業が情報格差のある個人投資家向けに社債を発行しようと検討する場合です。その場合は対象企業の見極めを要します。

3 他の投資商品と社債の比較

83ページの表では、５段階評価（ＡＢＣＤＥ）で社債と他の投資対象との比較を行いました。なお、各評価は筆者の考え方であり、絶対的なものではありません。

一般に認識されている投資対象としては、株式、投資信託、ＦＸ（外為証拠金取引）、不動産、Ｊリート（不動産投資信託）などがあり、その他にも、銀行預金、金や小麦、石油などのコモディティなども投資対象となります。当然ながら、債券も含まれます。

以上の列挙した順序に特に意味はありませんが、これらの投資商品すべてに投資している、もしくは投資した経験がある人もいることでしょう。

さて、２００７年末の日本の個人金融資産は約１５４４兆円であり、その内訳は圧倒的に銀行預金が主流（51％）となっています。それでも、２００２年当時の57％と比較すれば、変化していることが見てとれます。

筆者がまだ駆け出しの証券営業マンであった頃は、〝投資〟や〝資産運用〟という言葉自体、あまり受けがよくなく、証券会社はそもそも運用していただく立場なので営業トークに頭を使うこともありました。

たとえば、あるお客様にひとまず口座開設からお願いしようという作戦を立てた場合、苦肉の策で思いついたセリフは「お預けいただくと銀行預金金利以上の利息を得ることができ、しかもATM手数料はかかりません」というものだったと思い出します。

余談はさておき、ここでは、様々な投資商品について解説していきます。

■株式との比較

株式は、企業が発行する有価証券です。企業の総資本は、負債部分（他人資本）と株主資本（自己資本）の部分に分けられます。企業にとって、株式はある意味で「約束として は返す必要がないもの」と捉えられるので自己資本となるわけですが、他人資本はそうはいきません。他人資本は銀行からの借入や社債などを発行することで調達するものであり、あらかじめ決められた約束事に沿って資金の返済を行う必要があります。

自己資本と他人資本の違いは、通常の状態であれば気になりませんが、企業が傾きかけた途端に本当の差が歴然として現れてきます。

企業が傾いた場合に、第一に総資本のうち他人から調達した他人資本提供者の立場が当

各投資商品の比較（筆者がＡ～Ｅで５段階評価したもの）

	社債	株式	投資信託	ＦＸ	不動産等	コモディティ
利回り傾向（高い：Ａ）	Ｂ	Ｂ	Ｃ	Ａ	Ｃ	Ａ
元本毀損リスク（大きい：Ａ）	Ｄ	Ｂ	Ｂ	Ａ	Ｃ	Ａ
変動性（大きい：Ａ）	Ｃ	Ｂ	Ｂ	Ａ	Ｃ	Ａ
税金関係（個人）	源泉分離課税	申告分離課税	申告分離課税	総合課税	総合課税	総合課税

然ながら優先され、債務超過の場合は、真っ先に自己資本から削られていきます。いわゆる弁済順位からして、株式は最劣後として企業の発行する最もリスクの高い有価証券であるのです。

かつて絶対つぶれることがないと言われた日本の銀行の中でも、一際トップエリートの集まりであり日本の産業界に対して絶大な影響力を誇った長銀（旧・日本長期信用銀行）でさえ破綻しました。改めて、株式そのものに潜在的に潜むリスクについて常に認識しておくことが望ましいと言えます。

しかし、企業の発行する株式は、単なる紙切れではありません。株式保有によって得ることのできる株主の最大の権利は、議決権ならびに残余財産分配請求権です。この法的根拠があってこそ、株式は価値として認められた有価証券となるのです。

株式会社は17世紀初頭の東インド会社が起源とされていますが、一人の資金だけでなく、何人もの人が寄り集まって資金を出し合い、その出資額に応じて利益配当を受けると同時に、会社運営上の重要な項目についても出資額に比例した影響力を行使できることがそのコンセプトです。そして、株主総会にかけられる事項（経営陣の選任、解任等）については、最低でも過半数が必要とされ、会社の合併などより重要な項目については、3分の2以上の賛成が必要になるなど、非常に民主主義的な発想と調和するものになっています。

残余財産分配請求権があるということは、もし出資した会社がすべての役割を終えて解散を決断した場合、総資産から負債を除いた残りが残余財産となり、当該財産を出資比率に応じて平等に分配される権利を株主は有しているということになります。

すなわち、自己資本の部分はすべて株主の資産となります。この自己資本は総資産から負債を除いたものとして、純資産とも言われます。

自己資本＝純資産＝株主の資産

前述の議決権と、残余財産分配請求権があるために、87ページの表のような企業はある投資家にとってはとても魅力的に映るということにもなります。

もし、投資家が市場から時価総額40億円でこの企業の株式を１００％取得した場合、当然この企業を買収することになりますが、この企業の収益性が低いと判断し、その時点で会社を法的に解散した場合、どうなるでしょうか。

この企業は総資産が１００億円ですので、他人資本である負債20億円を支払った残りは80億円です。ちょうど不動産資産が20億円ですので、不動産を売却して当該負債の20億円を支払った場合は、現金のみが80億円だけとなります。もうおわかりかと思いますが、このすべては株主である投資家が法的に残余財産分配請求権を行使して取得できる資産になるのです。つまり、40億円の投資は、その時点でリスクなしに80億円を手に入れたことに等しいのです。

株式相場の状況がベア（弱含み）マーケットに陥ると、このような状況に置かれる企業がたくさん出てきてしまうのです。このスキを突いて投資をしかけてくるのが、スティール・パートナーズや、かつての村上ファンドなどであったのです。

私は、彼らの役割は市場取引においてはごく自然な行動であると考えています。

たとえば、トヨタ自動車の株式は東京証券取引所のみならず、ニューヨーク証券取引所にも上場されています。これは正式にはトヨタの原株の取引ではなく、米国預託証券（ＡＤＲ）として取引されるものですが、実質はまったく同等です。もし、為替の変動がなく、日本でのトヨタの株価も５０００円のままであるにもかかわらず、なんら悪材料もなしに、トヨタのＡＤＲが１日で１００ドルから80ドルに下がっていたとしましょう。通常であれば、間違いなく１００ドルのはずです。その場合、いち早くＡＤＲの価格のゆがみに気づいた目ざとい投資家は、トヨタのＡＤＲを購入することで、１００ドルに価格が収斂される過程で利益を得ることができるでしょう。

総資産 100 億円の企業

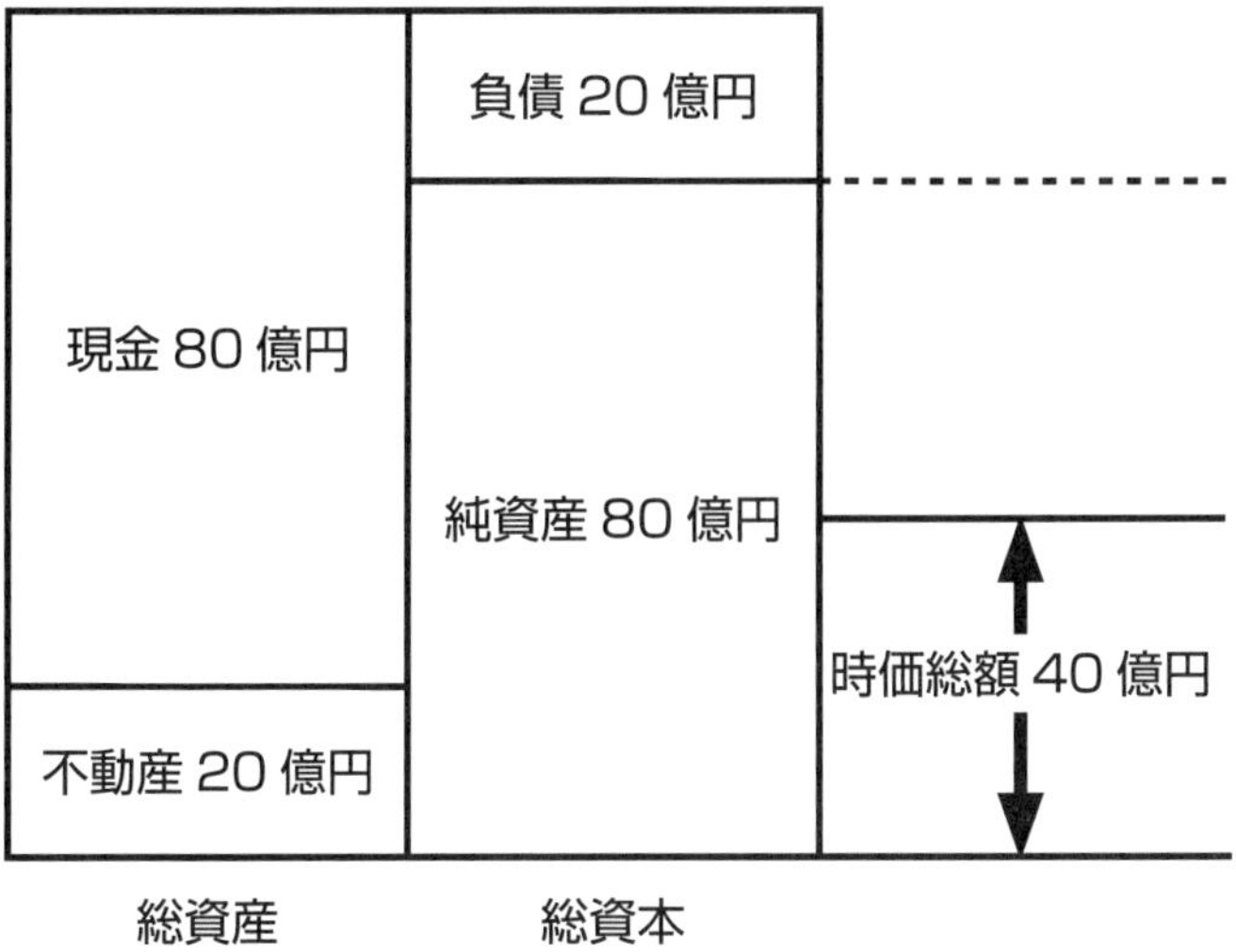

実際のところ、こんな状況になることはあまりありません。しかし、需給や、あまり注目されなかったりした場合は、起こりえるのです。このような本来の価格に対し、そのゆがみを見つけ、投資する取引を「裁定取引」といいます。

この裁定取引は、株式市場のみならず債券市場、通貨市場、先物取引市場すべてにおいて、日常的に行われているものです。このような取引があるため、価格のゆがみが修正され、〝本来あるべき価格〟に近い価格が維持されることとなるのです。

さて、話を戻しますと、スティール・パートナーズなどが日本の株式市場に投資機会を見出すのは、まさに企業価値に対して、時価総額の観点から裁定取引機会があると彼らが考えているからに他なりません。

日本の株式市場は、米国市場に比べ、**「ボラティリティ（変化率）」**が高いことが話題になることがありますが、株式市場においては売買が活発になされなければ、おのずと価格のゆがみが生じる可能性は高くなり、結果として安すぎたり高すぎたりする場面が多くなってしまうのです。

その意味で、彼らのような投資家は、株式市場の活性化の観点からプラスに作用することは否定できません。

いずれにせよ、株式を保有することは、企業の部分的なオーナーになることを意味し、その株式価格は、前述した通り、ある場合には非常に低位に評価され、ある場合には活動的な投資家などの登場により、上昇したりすることがあります。また、見方を間違うと真っ先に責任を取らされる非常にリスクの高い有価証券でもあるということは、すでに説明した通りです。

少なくとも、大切な銀行預金などで貯蓄していた資金の代替にはならないでしょう。

■投資信託・ファンドとの比較

投資信託やファンドといった言葉を、毎日の新聞などで目にされることも多いでしょう。投資信託もファンドも、ここではまったく同等と考えてよいと思います。ファンドという言葉は非常に総括的であり、漠然としてはいるものの、投資信託もファンドも以下の通りに定義することは可能です。

> 投資信託＆ファンド「複数の投資家から資金を募り、集められた資金を専門の資産運用担当が、事前の契約に従って株式、債券、為替、商品先物、不動産などに投資して、その利益を投資家に分配していくもの」

投資信託といえば、昔は日本株投資を専門にする投資信託が代表格でしたが、今や外国株、先進国債券、新興国債券、中国株、不動産リート、それらの複合型投資信託など、様々な投資スタイルの投資信託が登場してきています。

また、ファンドといわれるものの中身は、ある場合には株式投資専門、あるいは債券投資専門だったりします。その他、未公開株投資、不良債権投資、不動産投資、商品先物投資など、投資可能な資産すべてがあてはまります。その中に、前出のスティール・パートナーズや長銀を買収したリップルウッドなどはあてはまります。

さて、投資信託は、私も素晴らしい仕組みであると考えています。

ある投資には必ずリスクが潜んでいます。しかし、投資対象を分散させることでリスクの軽減を図るというのが投資信託のコンセプトだからです。

それは、次ページのようなイメージ図でみると一目瞭然です。

若干ご説明しますと、株式Xはリスクは低いけれどリターンも低い一方で、株式Yはリスクは高いけれどリターンも高いという特徴を持っているとします。前者はインフラ企業、後者はIT企業などが想定できるでしょう。

その場合、XとYの値動きについては、次の3通りのパターンが考えられます。

①バラバラに動く

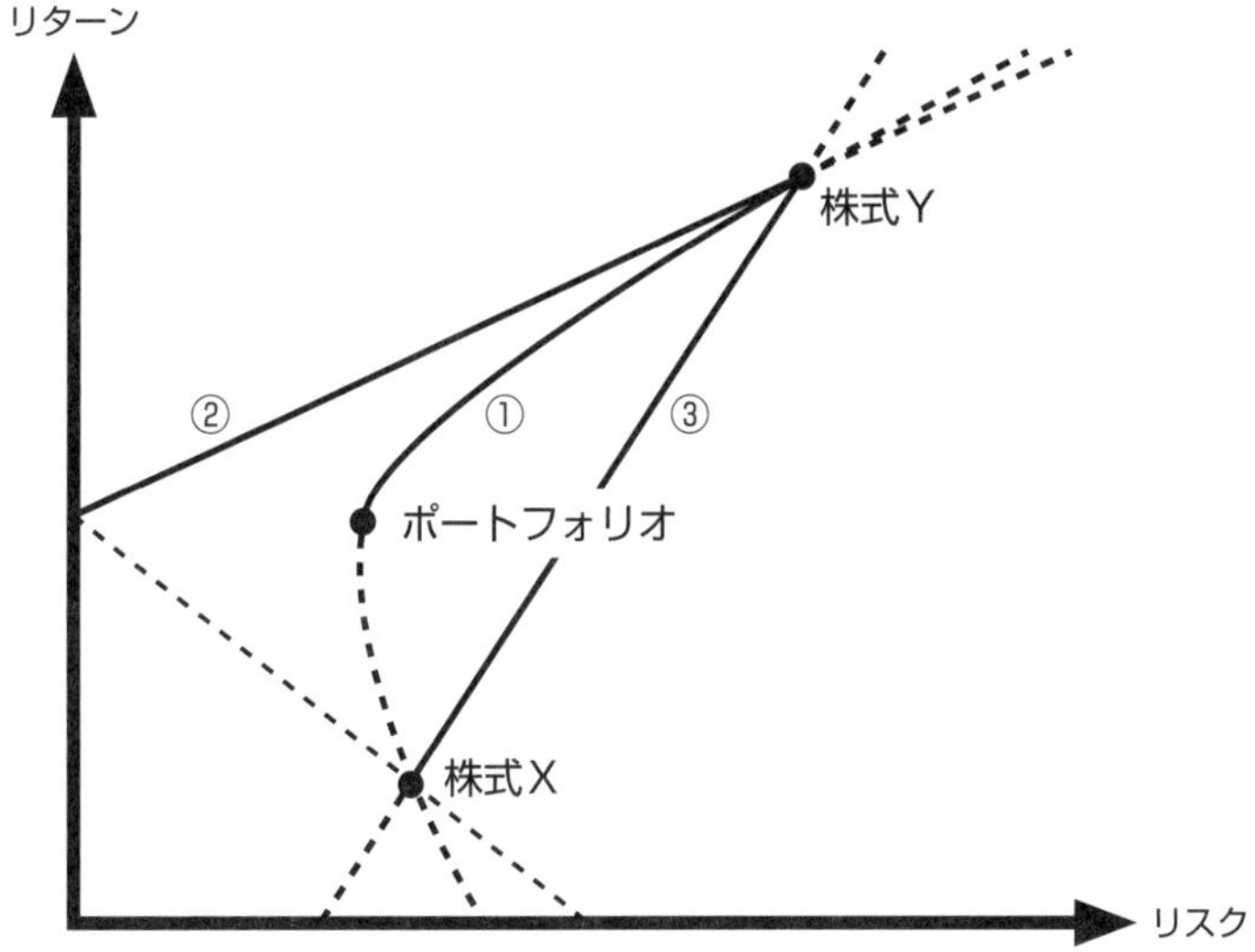
リターン
株式Y
②
①
③
ポートフォリオ
株式X
リスク

②正反対に動く

③まったく連動して動く

これら3パターン各々について、総投資金額は変えずに、その投資比率だけを変えた場合に合成した組合せ（ポートフォリオ）集合を、太線で表現しています。

現実には、XもYも②と③のケースは想定できませんので、①であると考えてよいでしょう。すると、図のポートフォリオでは、XとYのリスクよりも小さいリスクでXよりも高いリターンが実現できることがわかります。これこそ、投資信託の最大の効用なのです。

しかし、実際の投資信託のパフォーマンスを見てみると、必ずしも理想的なものと言えない現状があります。

その背景として、一つは多くの投資信託では「**ベンチマーク**」と言われるものを設定していることが挙げられるでしょう。

たとえば、日本の大型株に投資する投資信託は、日経225やTOPIXなどをベンチマークとして設定し、これを上回ることを目標にしています。しかし、通常はベンチマーク採用銘柄群と投資信託に組み入れられている銘柄群が似通っていることがほとんどであり、そのウェイトもやはり似てくることが避けられません。

ただし、投資信託は一つの銘柄に投資するよりも、そのリスクは低くなり、少なくとも前述の長銀の株式のようにゼロにまで落ちることはありません。

したがって、私は投資信託はもっともっと使い勝手を向上させ、多くの人に利用される存在であるべきという考え方を持っています。

たとえば、投資信託はある時点で一気に買付けを行うよりも、ドルコスト平均法を用いて、毎月一定額ずつ累積投資していく方法では適しているでしょう。

税制面や年金との関係性から、さらなる改良が求められる分野であると思います。この分野は米国に学ぶところがまだありそうです。

また、日本では過去の実績がまったくない新商品としての投資信託が頻繁に出されます。そして、証券会社や銀行などで盛んに宣伝され、顧客は購入することとなります。株式の新規公開であれば新規上場株は値上がりする可能性があることから宣伝する意味合いがあるでしょう。しかし、投資信託は本来、ファンドマネジャーの運用実績を基にして、その安心感と信頼感で商品を売り出すべきであるのに、既存の商品を大々的に売り出すことはあまりされなかったのが現状でした。

私は、富裕層の方々のプライベートバンカー的な役回りで、営業に来る証券会社の人とお話することがあります。いつも不思議に感じるのは、どうして新商品を熱心に売りたがるのかということです。買わなければならない合理的な根拠は、薄いといわざるを得ません。

投資信託は、隠れていながらも実績のあるものを購入されることをお薦めします。

■FX（外国為替証拠金取引）との比較

ここ2年で目覚しい普及をみせたのが、外国為替証拠金取引です。これは元手の10倍の取引はもはや低い方で、中には400倍までの取引が可能となるものです。

この意味合いは、たとえば、100万円が元金である場合、レバレッジ400倍であるとすると4億円分の外国為替取引が可能になり、もし1日で1％程度上昇したら4億400万円になりますので、利益は400万円となります。1日で100万円が4倍になるということになります。もちろん、その逆はゼロです。

最近の外国為替相場は、円ドルのレートでみても、1円の幅で動くことはまったく日常茶飯事ですので、相場の読みとタイミングと運がよければ、資産は一気に膨らむでしょう。また、元金も5000円レベルから始められるので、中にはパチンコに行く感覚で行う人もいるかもしれません。

もっとも、5倍から20倍程度の範囲で運用する場合であれば、多少の為替変動があっても持ちこたえられることができ、元本がゼロにならないかぎりは、もしくはロスカット水準に達しないかぎりは、当初投資額に対する利子も同時に5倍から20倍になることになり、それなりのメリットを享受することも可能になります。

■不動産との比較

「不動産は安全な資産」という認識を持っている人もいるかもしれません。時々刻々と値段が変わる上場株式のように常に取引価格が公表されているわけではありませんが、それが逆に、売ろうと考えたときに、結果として想定価格よりもずっと下になってしまうこともありえるでしょう。

また、新聞紙上でたまに見かけるマンションへの投資の広告では、８％程度の高利回りが謳われていても、実際は固定資産税など含め、５％程度に落ちることも珍しくはないでしょう。

しかも、5年、10年後に売却する際は、マンションの場合は残債を上回った値段で売れるかどうかというレベルにまで値段が落ちることは、多くの方が経験されているのではないでしょうか。

不動産を全額自己資金で購入するにせよ、外部借入れを使うにせよ、純粋な資産の維持に貢献しているのかどうかを、今一度検討することも必要かもしれません。

しかし、最近では「Jリート」という不動産へ投資する投資信託が登場するようになりました。Jリートは、東京証券取引所によって毎日、投資口の価格がわかりますし、年2回程度は配当がありますので、現時点の保有資産を確認する意味合いにおいては、優れていると言えそうです。ただし、結局は不動産の市況に振り回されることになります。

2007年夏場より世界経済を失速に導いている米国のサブプライムローンの焦げ付きに始まる信用収縮は、海を渡って日本にまで証券化市場の大打撃という形を通じて、不動産市況に影響し始めており、2008年が明けてからはすでに下落が始まっていることが顕著になってきました。

この波及する仕組みは、銀行からの調達を予定していた買い手側に、銀行のローンが付かなくなり、買い手のプレイヤーが少なくなったことが言えます。もちろん、国土交通省が主導した建築基準法改正の影響も大いにあるでしょう。

いずれにせよ、不動産はバブル崩壊後の日本を見ても、もはや右肩上がりの中で安全な資産とは言えません。多くの悲劇を生み、縮むときは一気に萎んでしまうリスクの高い部類の資産であるということは認識すべき点です。

資産のうち、株式資産がすべてというのもどうかと思いますが、同様に不動産資産に偏るのも、資産防衛の観点からは望ましいとは言えません。

■コモディティ（商品先物取引）との比較

中国やインドなどの新興諸国の経済発展により、エネルギーと食料の需要が右肩上がりとなり、これにつられる形で、原油、小麦、金などあらゆる原材料・素材の価格が高騰しつつあります。この恩恵を受けているのが商品先物市場です。

潜在的な需要があるかぎり、その商品先物取引は行われ、将来的に供給スピードを上回る需要の増大が明白になればなるほど、商品の先物価格は高騰せざるを得ないでしょう。

商品先物取引自体に個人の方が参入する必要はないものと考えます。ただし、商品先物取引を取り入れたファンド等に関しては、資産防衛の観点からは多少なりともメリットを享受できそうです。

■理想的な保有割合

私が考える理想的な保有割合は、資産全体のうち、10％を株式、10％を投資信託、20％を現金もしくは国債、５％をFX、５％をコモディティ関連、20％を不動産、そして30％を社債に投資するというものです。これらの比率はもちろん投資家の好み（選好度）によって違ってくると思います。

第４章

社債発行の裏側

1 社債の発行実務

実際に社債を発行するにはどのようなことをすればよいのでしょうか。ここでは社債発行の段取りを必要な手続書類とともに、みていきましょう。

まず、社債発行の検討から実際の発行までの流れは次ページの通りです。

このように、社債手続きは手続きの上では非常に簡単です。よりもっともらしくするため、事業計画や発行趣意書、購入者の適格審査などを行うことを書かれた本もあるようですが、これらは法的な要件ではありません。

次に、発行手順についてみてみます。実際の流れは多少前後しますが、要領よく進めるのがよろしいでしょう。

【ステップ1社債発行の検討】

現在、社債を発行することにおいてなんら制約はありません。以前は発行できるのが株

社債発行のフローチャート

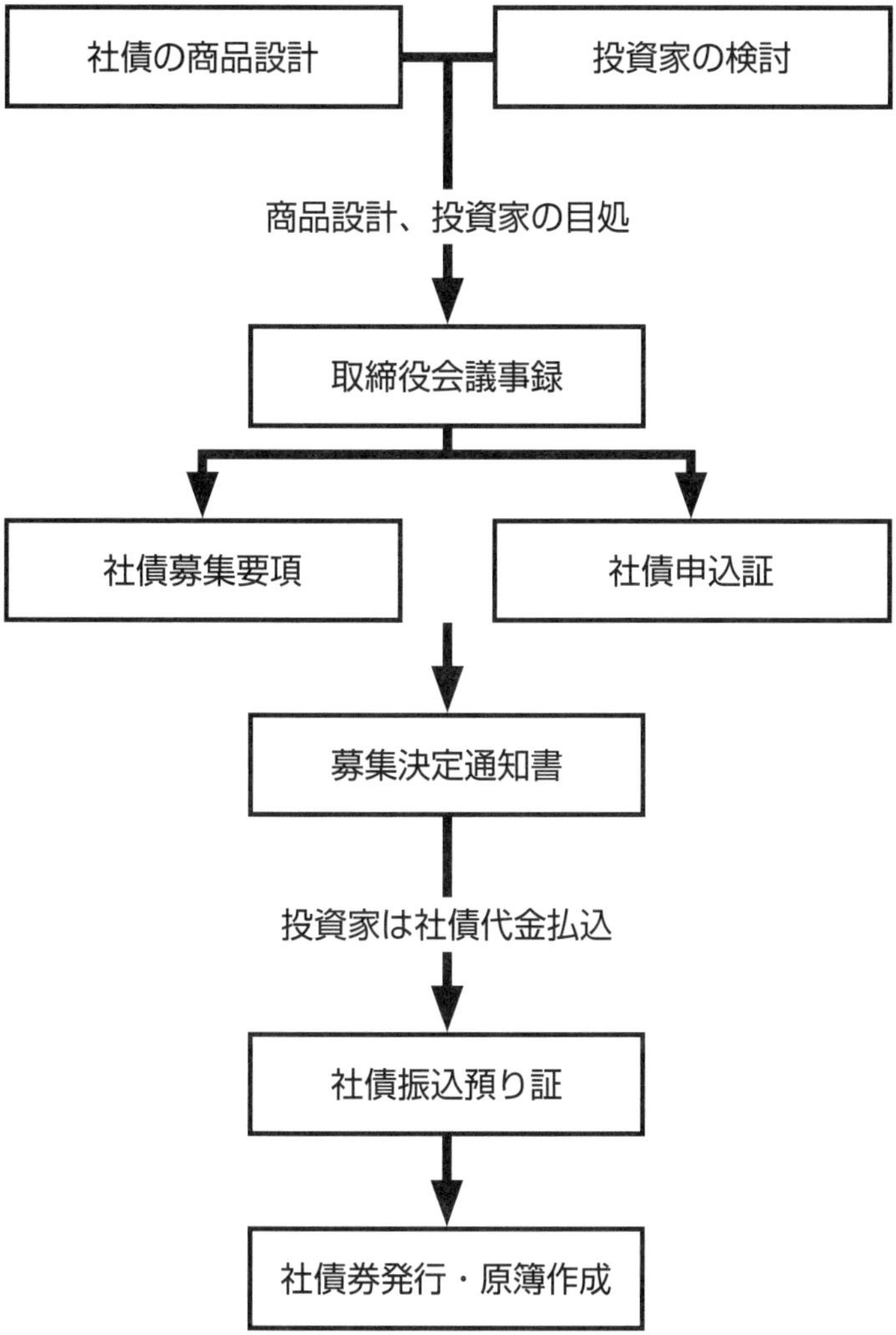

式会社のみであったことから、身近な存在であるとは言えませんでしたが、会社法施行に伴って、株式会社だけでなく、合資会社や合同会社などすべての法人が社債を発行できるようになり、しかも最低資本金の制約もなくなったことから、事実上すべての法人で社債発行が可能となっています。

さらに、そもそも社債発行の額に関しても制約はありませんので、極端なケースでは「資本金1円・純資産1円」の会社であっても100億円の社債発行はできますし、1円の社債発行も理論上は可能でしょう。期間や利息に関しても特段の制限がないことから、本当に自由なフィールドであると言えます。端的に表現すれば、投資家がいる限りにおいて、社債の発行は成立するのです。

実際の発行を検討する際に重要なことは、ターゲットとなる投資家はどのような人々かを想定し、彼らがどのような条件を好むかを調べることです。

たとえば、ある投資家は長期の社債を好むかもしれませんし、逆に金利は低くても3ヶ月くらいの短期を好む投資家もいるかもしれません。また、同じ期間であっても投資家によって、変動金利を好む場合や固定金利を好む場合もあるでしょう。

さらには、担保をつけることもできます。

その他、早期償還条項や投資家の要請に基づき期中であっても発行会社が買い取る契約

（プットオプション）なども発行条件内容に入れることができます。この条件内容を定めたものが「**社債要項**」と呼ばれるものです。

社債要項に記載すべき最低限の内容は後述しますが、発行会社と投資家を結びつける契約条件であり、条件を加えることにおいて制約はありません。

このように、社債とは一見すると無機質にも見えますが、実は奥深く幅広い選択肢を兼ね備え、創意工夫の余地のある資金調達方法であり、金融商品でもあると言えます。

【ステップ２　取締役会決議】

ターゲットとなる投資家の大よその目処がつき、発行内容も大枠として方向性が見えてきたならば、取締役会決議を行います。これは会社法上の次の条文を基礎としています。

> 会社法３６２条４の５「（会社法）第６７６条第１号に掲げる事項その他の社債を引き受ける者の募集に関する重要な事項として法務省令で定める事項」

この場合の法務省令は次のような内容です。

会社法施行規則

「（社債を引き受ける者の募集に際して取締役会が定めるべき事項）

第99条　法第362条第4項第5号に規定する法務省令で定める事項は、次に掲げる事項とする。

1　2以上の募集（法第676条の募集をいう。以下この条において同じ。）に係る法第676条各号に掲げる事項の決定を委任するときは、その旨

2　募集社債の総額の上限（前号に規定する場合にあっては、各募集に係る募集社債の総額の上限の合計額）

3　募集社債の利率の上限その他の利率に関する事項の要綱

4　募集社債の払込金額（法第676条第9号に規定する払込金額をいう。以下この号において同じ。）の総額の最低金額その他の払込金額に関する事項の要綱

社債発行の際に取締役会決議が必要なところは旧商法と変わりませんが、具体的に決めなければならない内容について明確ではありませんでした。

そこで、新会社法では、前述の通り、発行する社債の総額の上限、利率の上限、払込金額の下限などについて、取締役会決議を行えば、実際の利率は代表取締役などに委任することも可能となりました。

これにより、いわゆる「**シリーズ発行**」（取締役会で発行社債の総額等を定めた上で、具体的な発行は数回に分けて代表取締役が決定する発行方法）ができるようになりました。

このような方向性に基づき、取締役会決議をしていくこととなります。

【ステップ３　募集要項の作成】

募集要項は、まさに投資家に対して社債投資への勧誘を行うためのツールです。しかし、募集する段階では、必ずしも利率等の詳細な条件が決定されている必要はありません。

現実の世界では、利率や発行価格などは、発行体と投資家ならびに間に立つ証券会社において、直前までギリギリの駆け引きが行われます。そこで、当初の利率などは４・５％～５％などというような表示の仕方も行われ、確定次第、勧誘対象者へ追加補足説明書などを用いて通知していくこととなります。

一般中小企業が発行する私募社債の場合は、前記のような駆け引きは想定されず、当初よりほぼ確定している条件を掲載した募集要項を元に、投資家の勧誘・募集が行われることでしょう。

この募集要項は、最終的に発行要項として各投資家に交付され、それをもって投資家は申込みと払込を行います。

募集要項に記載された内容は、発行体と投資家の条件取り決め契約書と同等の法的根拠を有しており、安易に扱うことはできません。もし、最終的に確定された発行要項に記載内容に反することが発行企業で行われた場合は、投資家は発行企業を訴えることができます。つまり、この発行要項は発行企業と投資家の権利義務関係を明文化したものです。

さて、募集要項にはどのような内容を折り込めばいいのでしょうか。会社法第６７６条では具体的な記載事項を指定しています。これによると、以下のような事項が最低でも含まれている必要があります。

①募集社債の総額

これはまさに目標とする資金調達額を指します。この数字に大きな意味はありません。というのも、会社法によって、ここに記載された総額を上回る社債発行も可能ですし、全額が集まらないままの打切り発行も可能になったからです。

②各募集社債の金額

たとえば、１億円の社債を募集する際に、以下のようなパターンが考えられます。

（Ａ）１０００万円×10＝１億円
（Ｂ）５００万円×20＝１億円
（Ｃ）（１０００万円×５）＋（５００万円×10）＝１億円

各募集社債とは、一ロットあたりの金額のことを指しています。前記の場合は、（Ａ）～（Ｃ）はいずれも合計で１億円になっていますが、その構成が違います。一ロットあたりの金額については異なってもいいのです。

③募集社債の利率

利率についても非常に自由であると言えます。たとえば、利率をゼロと設定し、割引形式（当初の払い込み金額を額面よりも低く設定して額面金額で償還すること）にすることも可能です。一方、劣後形式にした場合は、それ相応の利率が適応されることが自然でしょう。すべては投資家と発行体で合意できる地点を探すこととなります。

応用例として、以下ではいくつかの利率の種類をご提示いたします。根本的には固定型と変動型に分かれますが、後者についてはバラエティに富んだものが考えられます。

（A）固定利率型

これはごく一般的な利率形態であり、発行期間を通じて毎年たとえば5％などという固定の利率で利息が発生するものまであります。

（B）変動利率型

代表的な変動利率の形態は基準となるレートを決め、上乗せの金利（スプレッド）を設定するものです。ここでいうところの基準レートはＬＩＢＯＲ（London Inter-Bank Offered Rate）やＴＩＢＯＲ（Tokyo Inter-Bank Offered Rate）を用いることとなります。たとえば、ある発行体の利率は、ＬＩＢＯＲ＋２％であるならば、あらかじめ決められた基準日時（利息支払日に近接した指定日時）の取引ＬＩＢＯＲの値に２％上乗せした金利が当該利息支払日の金利となります。ＬＩＢＯＲは市場金利として時々刻々と変動し、結果として支払うべき利息もそれに完全に連動することとなります。

実際の取引では、発行体側において変動利息は、固定利息に変換（スワップ）し、金利を固定化する場合が多いです。なぜ、利息を固定化するにもかかわらず変動金利で社債発行することがあるのかといいますと、やはり投資家の需要があるからです。

この変動利率は色々なパターンが考えられます。以下では具体的な発行パターンをみてみます。

（例1）株式会社武蔵野銀行　第1回期限前償還条項付無担保社債（劣後特約付）10年債
利息：当初5年間　年率1・86％、以後6ヶ月円LIBOR＋1・99％
期間：10年

この社債は、発行期間のうち前半は固定利息であり、後半は変動利息にすることで、固定と変動の両方の側面を伴わせ持つ社債です（111ページ図表参照）。このような利息にわざわざするのは、一言で言えば発行体と投資家がマッチングできる利率形態がこれであったということです。発行体は、できるだけ支払利息も含めた発行コストを低く抑えたいニーズがあり、投資家は高い利息を要求してきます。そのような駆け引きが行われた結果がこの利息形態であったわけです。

（例2）三菱商事株式会社　第55回無担保変動利付社債（担保提供制限等財務上特約無）
利息：（利息支払日）20年物円スワップ・レート－2年物円スワップ・レート＋0・5％
期間：12年

この利息の計算式において、20年のスワップ・レートは超長期金利に相当し、2年のスワップ・レートは短期金利に相当しますので、この利息計算式の意味しているのは長短金利差の拡大局面であり、投資家は多くの利息を得ることができます。実際の投資家は、長期金利の先高感があった場合には、食指を伸ばしてくることとなります。また、この計算式において固定部分の0・5％が大きければそれだけ投資家にとって魅力的になります。

武蔵野銀行第１回期限前償還条項付無担保社債（劣後特約付）10年債の利息イメージ

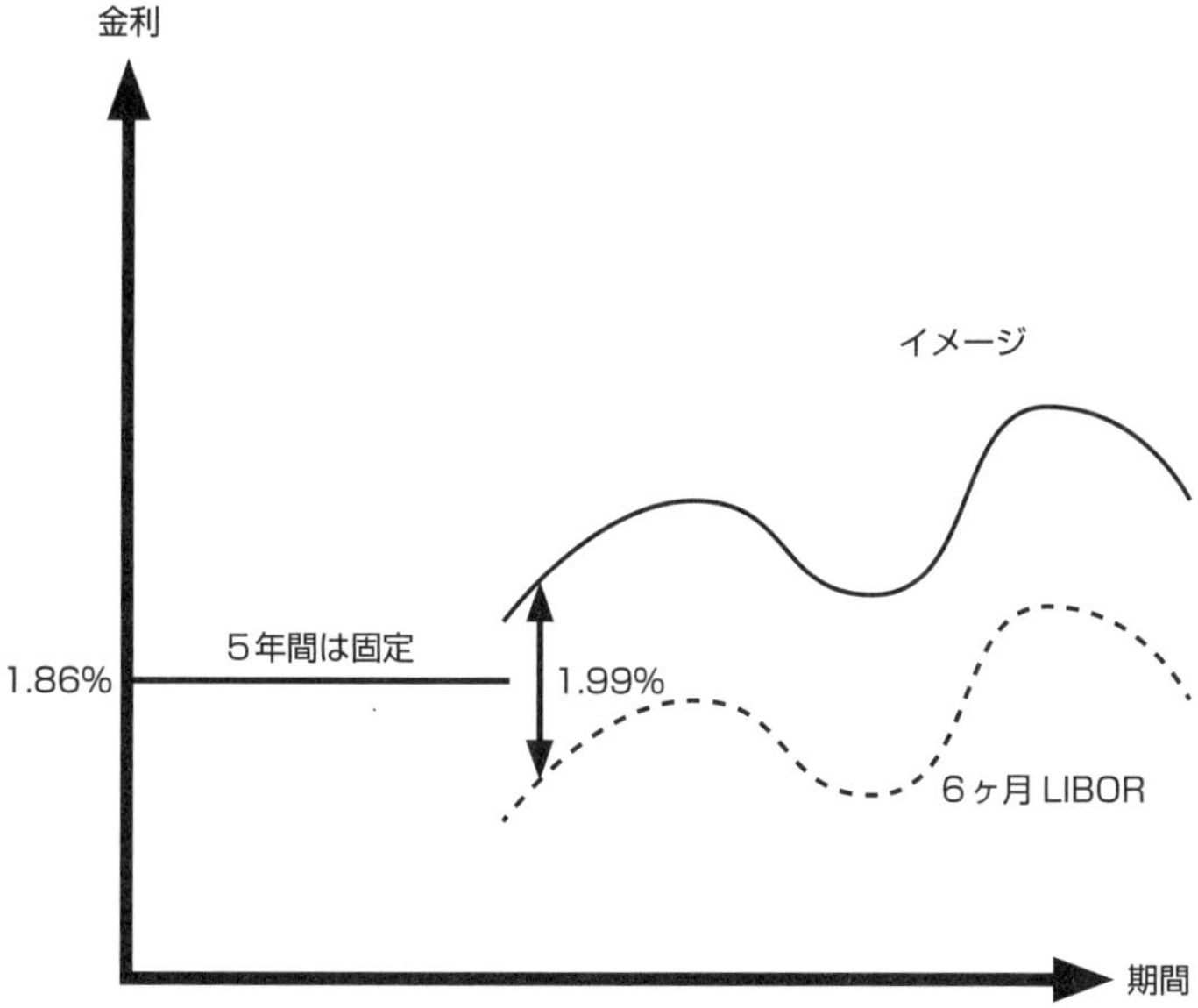

（例3）第6回国際金融公社　米ドル・円金利差額型変動利付円貨債券
利息：当初2年2ヶ月間年3・5％、以後年13・5％×FXF÷FXS－10％（ただし、最初の8年間は3・5％を上限とする。）〔FXSは最初の8年間101・30円、次の10年間97・30円、以後93・30円、FXFは毎年3月25日の直前の2月25日における円・米ドル為替レート（仲値）〕
期間：30年

このような一見すると複雑な利率を持つ債券は、一般的に仕組債と呼ばれるオーダーメード債券においてよくみられます。この利息計算式の意味していることは、端的に言えば、円安に振れれば魅力的な利息になります。それは、実際に数字を置いてみるとわかりやすくなります。たとえば、11年後に1ドルが120円となったとしましょう。これを当てはめると、次のようになります。

13・5％×120円÷97・30－10％＝6・64％

実際には、円安に触れれば、発行体が早期償還をする可能性が高く、投資家はその高い利息を享受できないことがあり得ます。一方で、円高になった局面では、金利が低くなる一方で、売ろうとしても社債価格は大幅に下落する可能性があり、非常に扱いは難しいと言わざるを得ません。

以上のように、社債の利率は非常に自由に設定できるという点はぜひ強調したい点です。

④募集社債の償還の方法及び期限

本項目では、いつ償還するのかを明示します。その他、償還前に買入れることができるかどうかや、償還日が休業日であった場合の対応についてここにおいて規定することとなります。

たとえば、次のような条項は一般的な内容です。

（1）平成【　】年【　】月【　】日にその総額を償還する（全額満期（買入消却可））。
（2）償還すべき日が、募集要項にて定める地における休業日にあたるときは、その前営業日に、これを繰り上げる。
（3）買入消却は、発行日の翌日以降いつでもこれを行うことができる。

⑤利息支払の方法及び期限

利息の支払方法を具体的に記載する項目です。通常は、利息支払日とその支払い場所の記載で満足されることとなります。その他、利息計算上、端数が出る可能性がある場合などは、具体的に対応を記載することもあり得るでしょう。いずれにせよ、曖昧さを極力排除する内容を目指します。

下記は一例です。

（1）本件社債の利息は、発行日の翌日から償還期日まで、平成【　】年【　】月【　】日を第1回目の支払期日としてその日までの分を支払う。
（2）支払い期日が東京における休業日にあたるときは、その前営業日にこれを繰り上げる。
（3）繰上償還、買入消却の場合を含め、1年に満たない利息を計算するときは、年365日の日割りでこれを計算する。
（4）償還期日後は利息をつけない。
（5）利息の支払い場所は【　】とする。

⑥社債券を発行するときはその旨

本項目が意味していることは、社債券を発行する場合は社債発行要項に記載しなければならないということで、裏を返せば社債券は原則発行しなくてよいということです。さらに、記名式か無記名式も同時に記載すべきでしょう。

不特定多数に渡ることを前提とした公募社債の場合は、無記名式でもよいのでしょうが、不特定多数に渡ることを避けなければならない私募社債の場合は、記名式であることが法の趣旨に沿ったものになります。

⑦社債権者が第６９８条の規定による請求の全部又は一部をすることができないこととするときはその旨

社債券を有する社債権者は、無記名式であれば記名式に、記名式であれば無記名式に請求できる権利を有します。しかし、その変更ができないようにするためには、社債発行要項にそれができないことを記載することを求めています。

⑧社債管理者が社債権者集会の決議によらず第７０６条第１項第２号に掲げる行為をすることができることとするときは、その旨

まずは会社法の第706条第1項を見てみましょう。

会社法第706条第1項

「社債管理者は、社債権者集会の決議によらなければ、次に掲げる行為をしてはならない。ただし、第2号に掲げる行為については、第676条第8号に掲げる事項（前記⑧）についての定めがあるときは、この限りではない。

1. 当該社債の全部についてするその支払いの猶予、その債務の不履行によって生じた責任の免除又は和解（次号に掲げる行為を除く。）
2. 当該社債の全部についてする訴訟行為又は破産手続、再生手続若しくは特別清算に関する手続に属する行為（前条第1項の行為を除く。）」

会社法の求めは、社債管理者が発行会社に対して破産手続等を進める際には、社債権者集会の決議を原則としているものの、この社債権者集会の決議を省くことができるというものです。この場合には、その旨を社債発行要項に記載することにしています。

⑨各募集社債の払込金額（各募集社債と引換えに払い込む金額の額をいう）若しくはその最低金額又はこれらの算定方法

これはいわゆる「発行価額」と言われるものに相当します。
日本で一般的な社債とは、額面１００円通りの発行ですが、必ずしも払い込み価格は１００円である必要はないのです。投資適格の社債は公募で資金調達を行いますが、通常の利付社債の場合でもその実際の払い込み価格は99・98円であったり、100・08円であったりと、１００円前後である場合が見受けられます。

さらに、割引形式の社債も存在します。これは期中の利払いを抑え、キャッシュアウトフローを抑制させる効果がありますが、割引であるということは額面１００円のものを80円や70円などで発行していくものです。会社側の会計処理は割引部分を発行年数で割ったものが損金として計上されるものの、キャッシュアウトがないために、キャッシュフローの改善がもたらされることもあり得るでしょう。

公募の社債の場合、投資家の募集の際に目論見書を作成することになりますが、当初はこの払込価格（発行価額）の部分は空欄のままの状態で投資家に案内していくことになります。その後、投資家のデマンド（需要）と発行体ならびに証券会社などの駆け引きの中で順次決まっていくことになります。決まった際には、その都度「発行登録追補書類」(通称：追補）を提出します。ただし、適格機関投資家向けにはそもそも目論見書を交付する義務はありません。

いずれにせよ、投資家が納得する払込価格を記載することとなります。

⑩募集社債と引換えにする金銭の払込みの期日

本項目では必要な払込金額、すなわち発行価額の総額を支払う最終期限日を明示します。社債発行日を含むそれ以前の日になります。

投資家はこの払込期日前までに事前に振込を行っても有効です。ただし、発行会社側が最終的な投資家への配分を決定（ステップ６に相当）し、それ以上の払い込みを行った場合は、超過分は無効です。

⑪一定の日までに募集社債の総額について割当てを受ける者を定めていない場合において、募集社債の全部を発行しないこととするときは、その旨及びその一定の日

発行を決定した社債の応募がなかった場合に社債の発行がどうなるかについては、旧商法では応募のあった分を含めて、社債全部が不成立となることを原則としていて、それ以

外の場合は、社債申込証の用紙にその旨の記載がある場合に限っていました。

会社法では、この原則を逆に例外とし、応募額に満たなくても打切発行ができることを原則とし、ある期日までの総額への応募を前提とする場合はその旨を記載することにしています。

しかし、多くの場合は、当初募集総額に応募が満たなくても、その集まった資金規模だけでも社債発行を選択するのが一般的であり、本項目の求めている内容をわざわざ記載する例は稀であると言えます。

⑫前各号に掲げるもののほか、法務省令で定める事項

本項の法務省令とは会社法施行規則第１６２条のことを指し、具体的には社債募集要項に記載すべき内容のうち、⑪までの内容以外では、以下の場合は追記する必要があるということです。

1. 数回に分けて募集社債と引換えに金銭の払込みをさせるときは、その旨及び各払込みの期日における払込金額（⑨で規定する払込金額のことです）
2. 他の会社と合同して募集社債を発行するときは、その旨及び各会社の負担部分
3. 募集社債申込みのために金銭の払込みに代えて金銭以外の財産を提供する旨の契約

を締結するときは、その契約の内容

4．会社法第702条の規定（会社法では、社債管理者を設置する場合はその委託内容を規定しています）による委託に係る契約において法に規定する社債管理者の権限以外の権限を定めるときは、その権限の内容

5．社債管理者が辞任する事由を定める場合はその内容

■【ステップ4　申込証の作成】

さて、実際に社債募集要項が整った次のステップは申込証の作成に入ります。

会社法では、勧誘対象者に対して以下の内容を会社側が通知することが必要です。

①会社の商号
②募集要項に記載する各事項
③社債管理者を定めたときは、その名称及び住所
④社債原簿管理人を定めたときは、その氏名又は名称及び住所

結局のところ前記の①～④までは募集要項に記載することとなるので、募集要項を渡せばよいということになるでしょう。

一方、申込者は以下の内容を会社に伝えることを原則としています。

①申し込み者の氏名又は名称、住所
②引受ける予定のある社債の金額および金額ごとの数
③会社側が払込最低金額を定めた場合は、希望する払込金額

申込証を作成する上では、以上の点に留意して書類を作成することとなります。様式は特段の要件はありません。ただし、募集要項とは別に、申込証と社債発行要項を組み合わせたバージョンを作成し、そこに申込者が氏名、住所、払込希望金額を記入する方法は選択肢の一つです。

【ステップ5　投資家募集】

投資家を募集する方法としては、公募と私募があります。私募の中にはプロ私募というものがあります。ここの差については非常に混乱するところでもあり、イメージ図は次ページの表のようになるでしょう。

公募と私募については、後述しますが、略して言えば公募は募集人数に制限はなく、1万人でも1人でもいいわけです。

私募については、50人未満の勧誘・募集が原則です。ただし、機関投資家限定であれば、別途規定が設けられています。

公募を行うためには、高いハードルが存在します。そもそも非上場企業において、金融庁へ有価証券届出書を提出し、監査報告書も2年分必要とあっては、費用対効果でよほどの大企業でなければ躊躇するでしょう。もちろん、サントリーなどのように非上場であってもそのような対応をしている企業もあります。

一般の非上場企業が社債募集をする際はやはり私募しかありません。格付けのない社債に関しては、機関投資家は購入対象としませんので、個人富裕層や取引先、お客様などの関係者を地道に模索することとなります。

公募と私募の違い

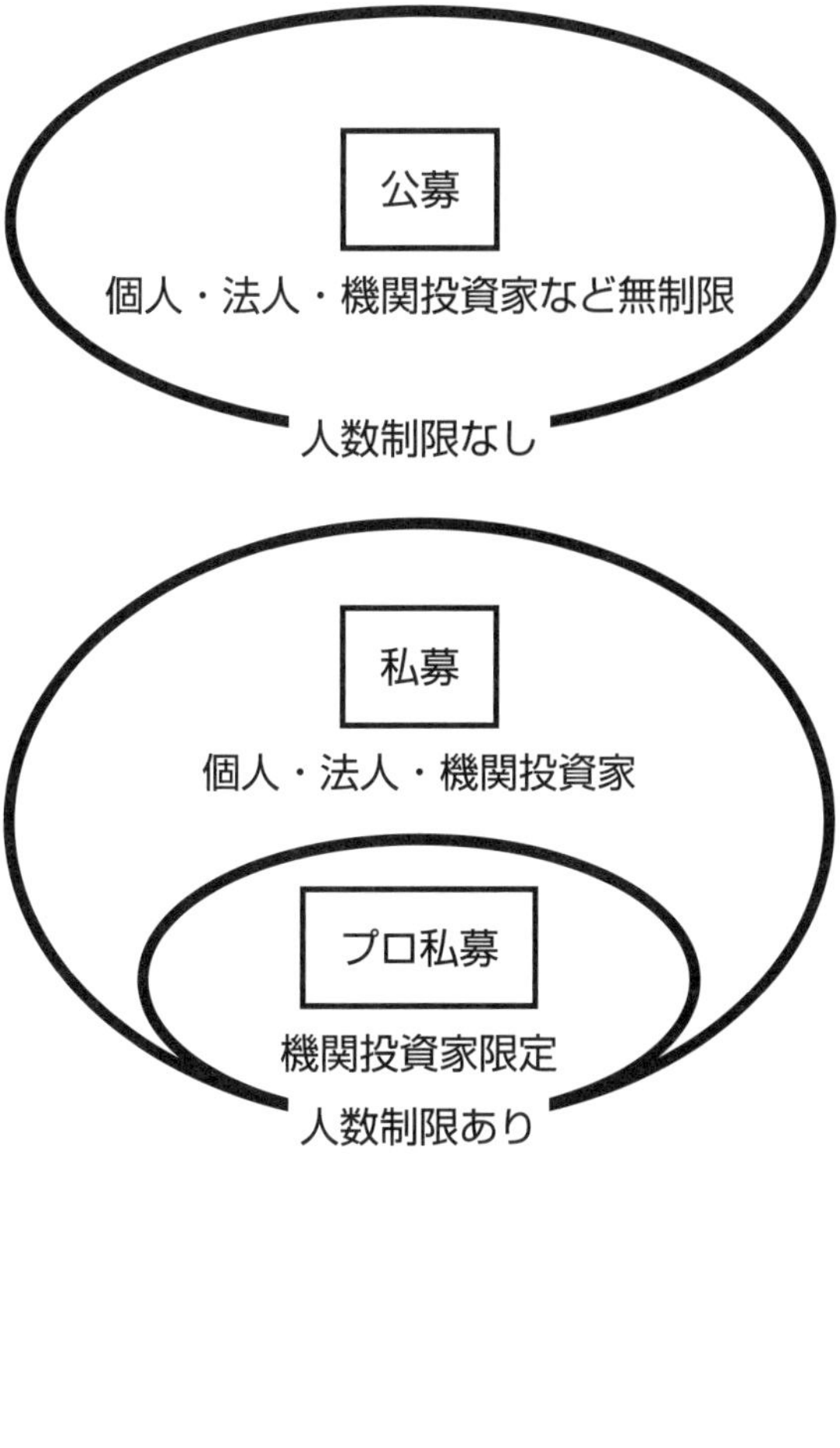
公募
個人・法人・機関投資家など無制限
人数制限なし
私募
個人・法人・機関投資家
プロ私募
機関投資家限定
人数制限あり

例外的に銀行等が単独で引受ける社債がありますが、これは中小企業向け融資の代替であり、銀行側は手数料が取れるメリットがあります。しかし、発行体である中小企業側からすると、期中の元本返済が均等にあるなど、融資とまったく変わらないというのが現実です。これでは社債本来の持ち味である満期一括返済と信用リスクを反映した利回りの駆け引きはありません（第3章参照）。

【ステップ6　投資家への割当分の通知（決定通知書交付）】

ステップ5により投資家向けに勧誘・募集を行って、実際に投資家から中込みがあったら、次に各投資家への配分を決定します。これは、発行会社が任意で決めることができます。このことは、株式の新規公開時に100株申込みをしても、1株しかもらえなかったことがある方であれば、容易に想像がつくでしょう。

会社法第678条では発行会社に関し、下記内容を条文で規定しています。

・申込者の中から募集社債の割り当てる投資家を決定すること
・当該割り当てを受けた投資家に配分する社債の金額とその数を決定すること

・たとえ、申込み金額と数が多くても、それより少ない割り当てとすることができること
・払込期日前日までに、募集社債の金額と数を通知すること

実際は、会社代表者名と捺印済み割当決定通知書のような書面を交付することで対応することとなるでしょう。

【ステップ7　預り証の交付】

いよいよ申込者に対して割当社債金額と数を通知したら、次は申込者が実際に発行会社に指定金額を払い込む段階となります。

申込者による払い込みの確認が発行会社によりなされた場合は、即、預り証の交付を行うとよいでしょう。この預り証に関しては、会社法による求めは特段ありませんが、投資家への安心感を醸成するためと、投資家側の権利保全のためにも対応することが望ましいと言えます。

また、会社法では社債券の交付は原則不要となっていますので、この預り証がなければ、

投資家の手元には、いわゆる「払い込んだことの証明」としては、銀行を通じてであれば通帳しかありません。したがって、いわば社債券の代わりとして当初の社債権者としての権利証明の役割も担うことになるでしょう。ただし、有価証券ではありませんので、この点は社債券とは根本的に異なります。

これも会社代表者名と捺印された預り証が相応しいでしょう。

【ステップ8（社債券発行の場合）社債券作成】

社債券を作成する場合は、その旨をステップ３の社債募集要項において、記載していることが必要です。

その上で、会社法６９６条の規定により、速やかに社債券作成に取りかかります。

会社法６９６条の内容は下記の通りです。

「社債発行会社は、社債券を発行する旨の定めがある社債を発行した日以後遅滞なく、当該社債に係る社債券を発行しなければならない」

要するに、「急ぎましょう」ということです。

社債券の作成は、実際問題としてでき上がるまで通常は１週間程度の期間がかかります。その結果、社債の発行日以降も社債券が交付されない期間が生じる可能性があります。

そこで、預り証を交付しておき、社債券ができ上がり次第、その預り証と交換という形で社債券を交付するという段取りを取ることになります。

社債券を印刷する会社は、様々ありますが、１億円未満の発行額であれば印刷費用は10万円程度が相場でしょうか。もちろん値段は様々です。

社債券に記載する内容については、会社法６９７条により規定されています。必要条件は下記の通りです。

- 社債発行会社の代表者が署名し、又は記名押印すること
- 社債発行会社の商号の記載
- 社債券の金額
- 社債の種類

ここで「社債の種類」が問題となってきますが、結論から申し上げると最終的に決定した社債発行要項すべてを載せれば、必要十分条件が満たされていることとなります。つまり、ここでいうところの「種類」とは、社債を特定できる内容のことを指しています。

具体的内容は以下の通りです。

1. 社債の利率
2. 社債の償還の方法及び期限
3. 利息支払の方法及び期限
4. 社債券を発行するときは、その旨
5. 社債権者が法第698条の規定（社債権者が記名式を無記名式に、記名式を無記名式に変換請求する権利を有することです）による請求の全部又は一部をすることができないこととするときは、その旨
6. 社債管理者が社債権者集会の決議によらずに法第706条第1項第2号に掲げる行為をすることができることとするときは、その旨
7. 他の会社と合同して募集社債を発行するときは、その旨及び各会社の負担部分

8. 社債管理者を定めたときは、その名称及び住所並びに法第７０２条の規定による委託に係る契約の内容
9. 社債原簿管理人を定めたときは、その氏名又は名称及び住所
10. 社債が担保付社債であるときは、担保付社債信託法（明治三十八年法律第五十二号）第十九条第一項第一号、第十一号及び第十三号に掲げる事項

これらは通常、社債券の裏側に記載することとなります。また、社債券に利札をつけることもできます。

【ステップ９　社債原簿作成】

いよいよ最後のステップです。

社債原簿とは社債権者の権利を法的に認知する手段の一つであり、非常に重要なものです。特に記名社債の場合は、会社法第６８８条により、対抗要件となるものです。

ただし、社債原簿の扱いは下記の３つのケースにより若干異なります。

①記名式かつ社債券不発行の場合

「社債の譲渡は、その社債を取得した者の氏名又は名称及び住所を社債原簿に記載し、又は記録しなければ、社債発行会社その他の第三者に対抗することが出来ない。」

②記名式で社債券を発行する場合

「社債の譲渡は、その社債を取得した者の氏名又は名称及び住所を社債原簿に記載し、又は記録しなければ、社債発行会社に対抗することが出来ない。」

③無記名式社債

「上記規定を適用しない」つまり、無記名社債は社債所有権の移転は譲渡人と譲受人の間で完結し、社債原簿に記載しなくてもよいということになります。

なお、「無記名社債」とは、会社法第681条では、無記名式の社債券が発行されている社債と規定されています。

では、社債原簿には実際に何を記載するのでしょうか。

会社法第681条によれば、最終確定した社債発行要項の内容を掲載することが必要です。具体的には下記の通りです。

・ステップ８における「社債の種類」各事項
・社債総額および各社債の金額
・各社債と引き換えに払い込まれた金銭の額及び払込日
・社債権者（無記名社債の社債権者を除く）の氏名又は名称及び住所
・社債券を発行したときは、社債券の番号、発行の日、社債券が記名式か、又は無記名式かの別及び無記名式の社債券の数
・募集社債と引換えにする金銭の払込みに代えて金銭以外の財産の給付があったときは、その財産の価額及び給付の日
・社債権者が募集社債と引換えにする金銭の払込みをする債務と会社に対する債権とを相殺したときは、その債権の額及び相殺をした日

ここで注目したいのは、発行会社に貸付を行っていた投資家は、社債払込に充当でき、会社は相殺でき〔デット・デットスワップ〕、社債原簿にはその旨も記載するという点です。

2 法律上、税務上の注意点

社債発行に関しては留意すべき法律・税務ポイントがありますので、以下ではトピックごとにみていきます。

■公募と私募

公募と私募の根本的な違いは勧誘・募集人数の制限の有無です。相違点についてまとめたものが以下の表となります。

		50名以上（公募）
発行価額の総額	1億円以上	有価証券届出書（財務局向）
	1億円未満1千万円超	有価証券通知書（財務局向）

49名以下（私募）	告知義務（社債権者向）	不要

注1　プロ私募がこの他に存在するものの、適格機関投資家のみを対象とした枠組みのため、割愛します。

注2　告知義務とは、金融商品取引法第４条第１項に規定する内閣総理大臣への届出が行われていないこと等を告知することです（後述）。

注3　人数のカウントは同一条件社債（償還期限と利率が同じである社債のことです）に関し６ヶ月通算で合計します。

注4　人数のカウントは、現実に有価証券を取得した者の人数ではなく、被勧誘者の人数です。

■告知義務

少人数私募において、発行総額が１億円以上の場合に、勧誘の相手方に以下の内容を告知しなければなりません。

・金融商品取引法第4条第1項に規定する有価証券届出書の提出がされていないこと
・記名式社債の場合はその旨
・社債を取得し又は買い付けた者がその取得又は買付けに係る社債を一括して譲渡する場合以外に譲渡することが禁止される旨の制限が当該有価証券に記載されている場合においていて、その旨
・その他の転売・譲渡に関する制限内容全て

■社債管理者の設置不要の条件（会社法第702条）

社債発行では原則社債管理者を設置することが求められていますが、以下の場合は設置不要となっています。発行額も多くはない私募債の場合は発行コストも気になりますので、社債管理会社は置かないための以下の条件をクリアすることが望ましいでしょう。

・各社債の金額（券面）が1億円以上である場合
・募集総額を最低の各社債金額で割ったものの数が50未満である場合（会社法施行規則第169条）

■社債投資家にとっての税務

社債投資は、個人、法人、機関投資家と様々ですが、個人の場合は源泉分離課税が適応されるので、申告の手間が省けるメリットがあります。

債券は利付債と割引債の２種類があります。以下、個人税制面について見てみましょう。

利付債は、もちろん利息が付された債券であり、割引債は利息を付さずに額面以下で発行する債券のことです。

①利付債の例

発行価格	１００円
利息	５%
償還価格	１００円
期間	２年

前記の例はどのように見ても利付債であることは明らかです。一方の割引債の例は以下の通りです。

②割引債の例

発行価格	90円
利息	なし
償還価格	100円
期間	2年

前記の例では、利息は付いていませんが、単利で言えば年間5%の利回りとなり、利付債と同じ経済価値をもつと言えます。

では次に、以下の例はどうでしょうか。

発行価格	95円
利息	2・5%
償還価格	100円
期間	2年

前記の例では、発行価格が割り引かれているものの、利息も付されています。単利回り

もちょうど5%となります。

　これは税務上、利付債と割引債のどちらに入るのでしょうか。これは現行法では利付債の税制が適応されます。その根拠は「租税特例措置法」第三十七条の十五、十六および「租税特別措置法施行令」第二十五条の十五、第十八条の十六です。

　結論から申し上げると、利付債にもかかわらず割引で発行する場合は、特定の場合を除き、利付債として税務上認識されるということです。

　これは、現実のマーケットにおいて、利付債であっても最終決定された発行価格が割引であることは日常的に起きており、この現実を踏まえたものと言えるでしょう。

　では、利付債と割引債において、個人の課税関係はどのような相違があるのでしょうか。

	利付債	割引債
途中譲渡益	非課税	総合課税
利息	20%の源泉分離課税	

償還差益	総合課税	総合課税（特定の債券については18％の源泉分離課税が適応。）

前記に即せば、三番目の例で挙げました利付債に関しては、途中譲渡は譲渡益扱いであり非課税ながらも、最後まで持てば償還差益が発生し総合課税の対象となるでしょう。

■発行会社側の税務・会計

①支払利息

借入金に対する支払い利息の勘定科目、会計税務処理と全く同様となります。

②発行差額

社債をその額面金額を下回る額で発行した場合もしくは、上回る額で発行した場合は差額が生じます。このような差額を「**社債発行差金**」といいます。

平成18年以前は、社債は社債金額をもって貸借対照表価額とし、社債を社債金額よりも低い価額又は高い価額で発行した場合には、当該差額に相当する金額を資産（繰延資産）又は負債として計上し、償還期に至るまで毎期一定の方法で償却するものとしていました。しかし、平成18年５月に施行された会社計算規則に対応する企業会計基準の改正により、社債を償還する社債金額よりも低い価額又は高い価額で発行した場合は、償却原価法に基づいて算定された価額をもって、貸借対照表価額としなければならないこととなりました。また、社債発行差金の償却費は利息の修正であるため、社債利息に加減して処理することとされています。

■社債発行費用

社債発行には一定程度のコストがかかることはやむを得ません。このことは、銀行から融資を受ける際や株式発行においても言えることです。

社債発行において当初想定される費用は以下のようなものがあります。

・アレンジメント費用（証券会社等に一定程度委託する場合）
・弁護士等費用（ドキュメンテーションチェック）
・社債券印刷費用

・その他関連文書作成費用

社債発行費は、原則として、支出時に費用（営業外費用）として処理します。ただし、社債発行費を繰延資産に計上することができます。この場合には、社債の償還までの期間にわたり利息法により償却することとなります。なお、償却方法については、継続適用を条件として、定額法を採用することができるということです。

社債に関する会計税務に関しては、近年では流動的に動いており、詳細は税理士・会計士に必ずチェックしてもらうことが必要です。

3 未上場企業における社債発行事例

ここまでは、社債発行の手順や関連事項などについて説明してきました。本章では、未上場の会社でありながら自力での社債発行に可能性を見出し、当初は悪戦苦闘しながらも社債発行の道筋をつけた会社について、その実際のプロセスをご紹介します。

①社債発行会社の紹介

本書の出版にも関わり、将来的に社債関連事業も企図しているアーバンベネフィット社は、大阪発祥で東京への進出も果たした投資会社です。

純資産は20億円を超え、創業者である木村会長の「ＢＳ経営」の理念の下で着実に利益を積み上げている過程にあります。毎年少なくとも数億円の純利益を計上する企業であるにもかかわらず、従業員は10名程度であり、最小限のコストで最大限の結果を残し、強いバランスシート基盤を有する企業です。

事業内容は、端的に言えば不動産投資ですが、株式での割安株投資と同様に非常に割安な価格での購入ができるもののみを案件の対象としているため、リスクも最小限に抑えたまま高いリターンを得ることを可能としています。

ちなみに上場大手不動産ファンド運営会社より3割程度の出資を受けており、今後さらなる飛躍を遂げようとしています。

②直接金融による資金調達ルートの開拓

同社の瀧本常務は、案件の発掘のみならず、財務担当としての顔も持ち、銀行との交渉なども含めて資金調達全般も担当していました。銀行ローンの期中の均等弁済のためのキャッシュアウトフローと資産サイドの不動産からくるキャッシュインフローとのミスマッチに関しては、どのように解消したらよいかと考えていました。

そんな中、社債の魅力について私とお話している中で、社債発行による資金調達を本格的に強化しようということになり、様々な角度からその課題等についてミーティングを持つこととなりました。

一つの大きな課題は、公募と私募のうちいずれを選択するかということでした。私募であれば、50人未満の方々にしか社債の勧誘ができず、その他にも様々な制約が発生するのは明らかでした。一方で公募で社債発行を行うためには、まず有価証券届出書を提出しなければなりません。有価証券届出書を関東財務局に提出するためには、監査証明を二期分取得しなければならず、現在時点において社債を発行するためには、私募形式による社債募集以外に選択肢はありませんでした。

しかし、今まで社債発行実績のほとんどない同社において社債発行によって本格的な資金調達に至るかどうかは、口には出さなくとも関係者共々強い自信を持っているとは言えませんでした。それを支えたのは同社の理念であったかもしれません。それは同社の木村会長がよく口にもする「やってみなわからん！　やったことしかんのこらん！」という理念です。

まず、瀧本常務の発案において、メールマガジンで同社の事業内容等をアピールすることとしました。メールマガジンの対象者は主に瀧本常務がこれまで名刺交換した方々となりましたが、同社が私募社債による発行の検討を進めていることについても度々触れることになりました。

当初は、ほとんど反応がなかったものの、次第に読者から具体的な話を聞きたいという要望が来るようになりました。その時点で、正式に社債発行に関する勧誘を行い、特別に作成した会社説明資料などを通じて、会社ならびに社債に関する理解を得て、最終的に社債募集要項に基づき、投資を行っていただくことができるようになりました。

社債は、通常、満期一括返済が原則です。約定弁済方式が一般的な銀行ローンとはまったく異なる手段と表現してもよいかもしれません。

ようやく社債投資家の理解を得ることができたとき、アーバンベネフィット社では新しい時代に入る手ごたえを感じていました。その後、アーバンベネフィット社の発行する社債に関しては、「アーバンベネフィット・ひも付き社債」と名づけ、主要な資金調達手段として確固たるものになりつつあります。

向上心溢れる同社では、次なる挑戦として、公募による社債発行を未上場でありながらも実現しようとしています。

第5章

社債投資の実際と低格付け社債ビジネス

1 社債投資の基本原則

さて、実際には「社債」といっても多種多様なものがあります。

一般に、社債には、償還期限があって、利率があって、せいぜい利率が変動金利か固定金利くらいかの違いしかないと思われがちです。

しかし、実際は創意工夫の余地が多く、非常に奥が深く面白い投資対象です。なぜなら、償還期限と利率のいずれかが違えば、法的には同一の社債とはみなされないとすると、ほぼ無限の組み合わせが考えられ、その数だけ商品が生まれる余地があるということが第1の理由です。その無限のレパートリーからはきっと投資家ごとに相応しい商品が見つかるはずです。

■創意工夫の余地が多い

創意工夫の余地があるということは、たとえば利率の面で見ても、次のような利息形態が考えられます。

> 利息＝５％×利息支払日前日の日経平均株価終値÷社債発行日前日の日経平均株価終値

また、社債は発行企業が早期に償還したい場合は、それが可能となるように設計されていますが、一方で、投資家の要請により、会社が買い取ることを盛り込むことも可能です。前者はコールオプション、後者はプットオプションと同義と言えます。

通常、社債の発行期間は3年、５年、10年、15年が一般的となっていますが、特に期限はこうしなければならないという法的根拠はなく、３カ月間の発行とした例もあります。ただし、それは商法上の法人格が発行する社債ではありますが、いわゆるストラクチャードファイナンス（仕組み金融）の中で扱われたものでした。もちろん、投資家がいれば償還30年の社債も理論上可能です。

担保については、設定も可能となっています。

さらに、償還時の元本については、場合によっては株式によって代替することも可能であり、これが**転換社債型新株予約権付社債**、一般で言うところの**転換社債**です。

この償還時に現金を代替するものとしては、自社株式の他、他社株式もあり得ます。さらには、ある株価水準を基準にある時点で超えた場合は早期償還させたり、もしくは下回った場合は、償還時において、現金に代えて予め決められた数の株式を交付したりすることも可能です。

■オーダーメードも可能

このように見ていきますと、社債は非常に自由な設計が可能であることがおわかりいただけるのではないでしょうか。

この結果、社債商品は極めてオーダーメードで設計されることが可能となり、さらには企業と投資家の関係は、対等な関係を構築できるようになります。

ある場合には、投資家の求めに応じて、企業側が社債を発行するケースも出てくることもあります。

これは具体的には「**仕組債**」と呼ばれるものであり、たとえば、富裕層向けに1億円などのロット（単位）で証券会社が組成を行っています（証券会社によっては、1000万円からの募集も行っています）。典型的なのが、元本は円建てで利息が為替に連動する社債です。

たとえば、下記の利息形態が考えられます。

（前提：発行時の円ドルレート：１ドル＝１００円）

利息＝５％×利息支払日の円ドルレート÷１００円

この場合、円安に触れれば、利息受取額が増え、円高であると、利息の受取額が減ることになるでしょう。

仕組債の発行体（社債を発行する法人）は多くの場合、日本のメガバンクや外国銀行、もしくは日本の証券会社の海外法人です。また大手自動車会社の金融子会社である場合もあります。

これらはすべて、その発行体が資金調達を求めて、投資家を募集するというよりも、まさに投資家のために発行しているといった方が的確です。これらの社債は自国外における市場という意味で、「ユーロ円債」などと呼ばれることもあります。

日本企業が転換社債（ＣＢ）を発行する場合、好んでこの「ユーロ円市場」を活用します。その背景は、この種の商品を引き受ける投資家は圧倒的に海外が多く、ほとんどの場合、日本ではイメージが必ずしも好ましくないヘッジファンドです。

■理想的な保有方法とALM

これまでみてきた通り、非常に多彩で奥の深い性格の社債ですが、実際のところ、資産運用する投資家にとって、いかなる社債をどの程度の割合で保有し、どのタイミングまで持つべきなのでしょうか。

このことを考えるときに、基本となる考え方があります。資産運用主体がたとえば生命保険会社で、毎年3％程度の企業年金の支払いがあるとすれば、それに対応すべく資産運用でのインカム・キャピタルゲインが必要となります。つまり、資産運用収入と負債となっている各種支出が最低でも一致していることが望ましいわけです。これは、本書で何度か登場するALM（アセット・ライアビリティ・マネジメント）と呼ばれるものです。個人の場合もまったく同様に考えていいでしょう。

■機関投資家が売買する社債は個人でも買える

ところで「債券」といっても、機関投資家が売買を行う国債や社債は通常、1単位が1

億円のものです。この種の債券は、機関投資家限定のものも一部ありますが、個人でも買うことは可能です。ただし、債券の玉（債券の商品在庫のこと）を持っている証券会社は手間がかかるために、オファー価格（売値）を高くすることがあります。

なぜ、手間がかかるのかというと、受取利息に関しての源泉徴収の有無に原因がありま す。指定金融機関等投資家や非課税法人（財団など）は源泉徴収がない一方で、個人の場合はそのようにならず、源泉課税されてしまうことに原因があります。この結果として、証券会社は他の社債と区分けして管理し、値決めしていくこととなるわけです（ただし、例外的に個人向け国債は国が額面で買い取ります）。

ところで、債券市場といっても、東京証券取引所のような具体的な取引市場があるわけではありません。あるのは債券を発行する発行体とそれを売買する投資家です。そして、実際には債券の在庫である玉は証券会社が多く保有しており、事実上の「市場」の役割を担っています。このことは債券ビジネスを展開する上で重要なポイントです。

実際の社債投資においては、以上のような債券取引の慣習などに留意することも必要です。

個人であれば、社債投資は持ち切り型が相応しく、よほど換金しなければならない事情がないかぎり、売買コストが大きくかかるため、株式のように売買はするべきではないと言えます。

■資産防衛と計画的資産形成

第1章でも触れました通り、今の時代は残念ながら日本国が何かをしてくれるという期待を抱いていると、本当に深刻な事態が待ち受けています。将来の年金や生活資金は自らの手で確保するということが、もはや避けられない状況になってしまいました。私は、あえて誇張しなければならない理由もありませんが、偏見なしにそのように強く感じます。このような状況下で持つべき資産は、株式のような基本的にキャピタルゲイン型かつ大きな変動リスクに常にさらされるものではなく、安定的に収入が入り、資産変動の少ないものであるべきです。これはすなわち、債券投資に他なりません。

一方で、債券投資は元本がほとんど変わらないことがわかっているから、資産の形成には役立たないと考える方もいるかもしれません。

しかし、それは大きな誤解です。

たとえば、年率5％で10年間の発行期間の社債に1000万円投資したとしましょう。その場合、年間で必ず50万円が入ってきます。これが10年間毎年続くわけですが、もし、社債購入者がまだ現役である場合は、その50万円は再投資するべきでしょう。すると、10

	利息	10年後の価値
1年目	500,000	775,664
2年目	500,000	738,728
3年目	500,000	703,550
4年目	500,000	670,048
5年目	500,000	638,141
6年目	500,000	607,753
7年目	500,000	578,813
8年目	500,000	551,250
9年目	500,000	525,000
10年目	500,000	500,000
合計		6,288,946

年後には、当初の50万円は77万5664円に膨らんでいます。

前ページの表では、各年次における利息の最終償還年限における価値を表しています（再投資における利回りは1・05％としています）。

これにより、5％の利回りにより、当初の1000万円は628万円のリターンを創出し、結果として合計で1628万円の価値に成長したことがわかります。

そして、この1628万円をさらに10年間同じ条件で債券投資により運用した場合は、10年後には1024万円のリターンを創出し、結果として2652万円になります。

20年間で1000万円が2652万円になることは悪くはないはずです。仮に、1000万円の投資を始めたのが40歳であったとして、20年後は60歳です。現役を退いた後はその2652万円に、退職金を加えて合計5000万円程度にして、社債投資に回した場合は、年間で250万円が投資収入となります。この金額であれば、年金などに加え、余裕が生まれるはずではないでしょうか。もちろん、利息収入には年間で2割の税金が発生する点は指摘しておきます。

■リスクは常に存在する

もちろん、社債投資においては、先に述べた多種多様な対象があり、非常に悩ましいところかもしれません。しかし、ハイリターンにはハイリスクが潜んでいることは、事が債券の場合にも一般的にあてはまります（厳密には、信用力はあっても、流動性が低いなどの場合に、そのプレミアム分だけ投資家が高い利回りを求める場合もあります。たとえば、証券化商品が登場し始めた頃は、投資家が限られていたため、高格付けでありながらも高い利回りとなっていました。最終的な値決めにおいて、投資家有利、発行体有利などの表現が用いられますが、流動性が低い場合は、多くの場合、投資家有利な利回りにせざるを得ません）。

■国債だけでは物足りない

何事も行き過ぎはよくはありません。とはいいつつも、国債だけに投資するのもナンセンスです。個人の場合は、国債は資産運用手段というより、担保資産として取得されるといいかもしれません。私は少なくとも現状の日本国債は、ほぼ現金同等物だと考えています。それでも10年もので年１・５％程度はあるのですから、銀行預金よりははるかに大きいと言えます。

ちなみに、銀行はその低利で集めた預金は、大規模に国債で運用しています。もし、預金金利が高くなってしまっては、銀行が国債に求める利回りも上昇するかもしれません。

このことは、日本の財政状態を悪化させるものですから、低金利政策は、日本の財政を安定させるためには、合理的であるのです。しかし、預金者には辛い状況です。

■社債投資は判断に多くの時間をかけることが可能

社債投資の場合、もちろん発行体の信用力を考える必要があります。財務諸表を見渡し、できるならば、会社訪問をするべきでしょう。その上で、資産を預けてもいいという確信を得た段階で初めて投資しても決して遅くはありません。なにより、社債投資がいいのは株式ほど価格変動がないため、慎重に判断できる点です。

社債投資をどの程度の金額で投資するべきかは、将来に必要な資金はどの程度であるかを検討したうえで、逆算して今どの程度投資しなければいけないかが決まってきます。重要なライフプラン構築ですので、時間をとって考えるべき対象でしょう。

以上をリスクの点からいうと、リスクの高い順に（一般論）以下の通りとなります。

株式＞社債＞現預金

もし株式に偏っているとすれば、ぜひ社債の比率を高め、総資産のうち3分の1程度は思い切って将来のために持っていてもよいでしょう。

資産３分法というコンセプトが古くから言い伝えられています。従来それは現金・不動産・株式を３分の１ずつ持つというものでしたが、それはインフレ時代の影響を受けています。しかし、これからの不透明な時代は、現金と社債で資産の半分以上を持ち、資産防衛を図ることが必要と考えています。

持つべき社債の発行企業は、優れた財務基盤を有していることは必須ですが、きちんと利益を稼ぎ（高ＲＯＥ）、わずかでも業績拡大が続く企業がよろしいでしょう。最後は経営者の資質が重要となります。

格付けが低い、もしくは未上場で格付け未取得であっても、優良企業は存在します。それら企業の発行する社債などは、ある意味ではお買い得ともいえるかもしれません。

2 社債組み入れによる、ポートフォリオのリスク分散効果

社債を組み入れたポートフォリオとは、一体どのような姿になるのでしょうか。

社債にせよ、株式にせよ、いかなる資産もリスクとリターンに分解できます。そのリスクとは、ある資産のブレ幅（「標準偏差」といいます）のことを指します。

リスクが大きいということは、それまでの平均的なリターンを軸にすると、ブレ幅が大きいということに等しく、予想を上回る高いリターンを出す可能性があるとともに、その逆に想定以上にマイナスに陥る可能性も大いにあるということになります。

リスクが低いということは、それまでの平均的なリターンに対してその通りになる可能性が高いことを意味しています。

「それまでの平均的なリターン」については、たとえば、国債のリターンと比べ、それを上回るものであったり、もしくは下回る資産であったりするでしょう。リターンの高低と、リスクの高低は別の次元です。

その結果、ハイリスクでハイリターンは当然としても、ハイリスクでローリターンという資産も中にはあります。

■株式のポートフォリオ

日々価格が公表されているため、計算のしやすい上場株式の5銘柄についてみてみましょう。（調査期間：平成18年4月～平成20年3月までの3年間とし、月次リターンを基に計算）

銘柄	リスク（標準偏差）	月次リターン平均
東京電力	5・77%	▲0・11%
楽天	12・47%	▲1・81%
日本郵船	6・66%	1・44%
新日鉄	9・70%	1・04%
三井不動産	7・45%	▲0・94%

これによると、たとえば、東京電力であれば、約3分の2の確率で、次の月の月次リ

ターンはそれまでの月次リターンの平均にくらべて上下で5・77%の振れ幅があるということを意味しています。

一方、楽天であれば、約3分の2の確率で、次の月の月次リターンはそれまでに比べ、上下12・47%の振れ幅になるであろうということになります。

一般的に「リスク」と言われているリスクというのは、実はこのことであったのです。

楽天に限って言えば、この5銘柄の中で最もリスクは高いものの、結果としてこの間の月次リターンは最下位となり、ハイリスク&ローリターンであったとも言えます。一方の日本郵船は、リスクは東京電力に次いで低いものの、5銘柄で最もリターンが高くなっており、ミドルリスク&ハイリターンであったとも言えます（どの期間を対象とするかで違いますので、一概には言えませんが）。

次に、各々の銘柄の関係性について見てみましょう。関係性については「相関係数」というものが一つの指標となります。それは▲1から1までの値をとり、たとえば、1であるとまったく同一の動きをしているということになり、▲1はまったく逆の動きをとるということになります。そして、0であれば、動き方に関連性がないと言えます。

	東京電力	楽天	日本郵船	新日鉄	三井不動産
東京電力	1				
楽天	0・186	1			
日本郵船	▲0・011	0・047	1		
新日鉄	0・268	▲0・149	0・290	1	
三井不動産	0・349	▲0・043	0・290	0・441	1

このことから、三井不動産と新日鉄には動きに正の相関性が見られること、楽天と日本郵船には関係性があまり見られないこと、さらに、新日鉄と楽天には弱いながらも負の相関性が見られることが言えます。

正の相関関係のある銘柄を所有すると、上昇局面ではどちらも上昇し、下降局面では共倒れする可能性が高いということになります。

このような相関関係を利用して、たとえば、楽天、日本郵船、新日鉄を3分の1ずつ所有した場合のポートフォリオ合計のリスク（標準偏差）はどのようになるでしょうか。計算をすると、5・8％になります。この数字は各々の個別のリスクよりも少なくなっており、このことがポートフォリオの分散効果と呼ばれるものになります。ちなみにリターンは０・２２８％ですので、平準化されてしまいます。

株式3銘柄によるポートフォリオのリスクとリターン

	リスク（標準偏差）	月次リターン平均
3銘柄ポートフォリオ	5・8％	0・228％

■債券のポートフォリオ

以上、株式を例にしたポートフォリオの分散効果についてご説明してきましたが、次に債券を組み入れる場合を考えてみます。

債券といっても、国債や社債、証券化商品などのＡＢＳ（資産担保証券）など種類は多岐にわたり、しかもその価格については証券会社が時価を算出するので、同じ銘柄であっても価格は異なることが珍しくはありません。

そこで、日経平均のような指標を用いることとします。ここにおいては、「ＮＯＭＵＲＡ－ＢＰＩ」という債券市場で使われる指標を参考にします。

これを一つの債券と見立て、株式と同様にリスク（標準偏差）とリターンをはじくことが可能となります。算出根拠とした数字については、先に算出した株式と同様の期間を対象とし、月ごとの価格については月間の平均利含価格単価を用いました。

その結果、リスク＆リターンについて以下のようになっています。

	リスク（標準偏差）	月次リターン平均
債券（NOMURA-BPI）	0・229％	0・063％

この意味するところは、次の月のリターンは、約3分の2の確率で0・063％±0・229％に収まるであろうということになります。

■債券と株式のポートフォリオ

そしていよいよ、債券と株式をミックスしたポートフォリオ評価に進みます。

前提条件として、前記3銘柄の株式ポートフォリオを5割、債券を5割所有する場合はどうなるでしょうか。

まず、3銘柄ポートフォリオと債券の相関係数をみてみます。

相関係数：▲0・1399

この相関係数は、3銘柄と債券は、負の相関性があることを表しています。つまり、株式が上昇しているときは、債券は下落するなど、逆の動きをする可能性があることを意味しています。

リスクとリターンについては以下のようになります。

	リスク（標準偏差）	月次リターン平均
ミックスポートフォリオ	2・839％	0・143％

この意味するところは、もうおわかりかもしれませんが、次の月のリターンは約3分の2の確率で0・143％±2・839％に収まるであろうということになります。

端的に表現すれば、債券を組み入れたポートフォリオの分散効果は、株式のみのポートフォリオの場合に比べて、およそリスクの面で半減したことになります。

しかし、このリスクに対する捉え方は人により違います。

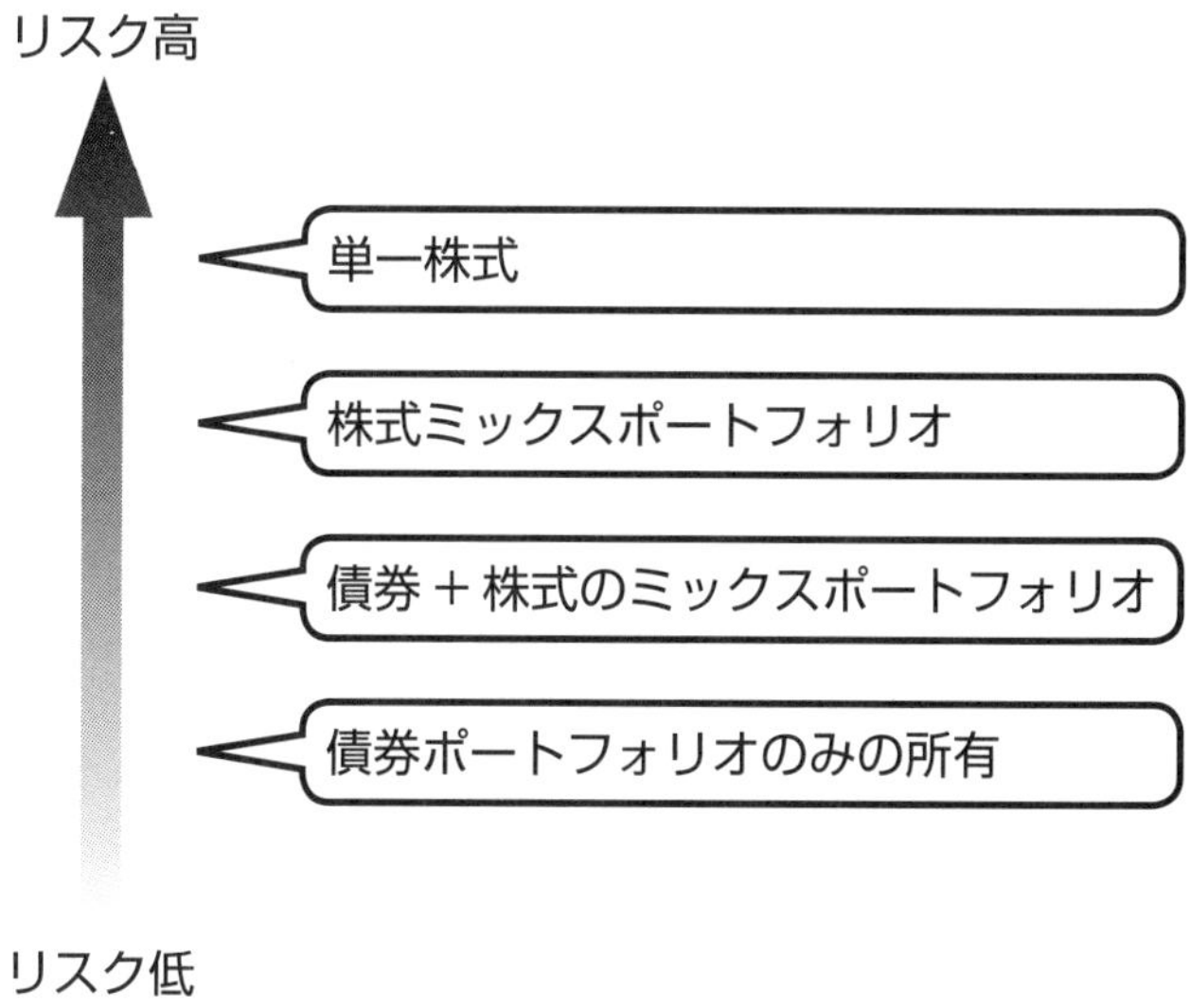
リスク高
単一株式
株式ミックスポートフォリオ
債券＋株式のミックスポートフォリオ
債券ポートフォリオのみの所有
リスク低

ジェットコースターが好きな人もいれば、嫌いな人、何も感じない人も世の中にはいることでしょう。ラーメンが好きな人もいれば、嫌いな人、何も感じない人も同様にいます。

このように、あるモノの選好度は十人十色であるように、リスクについても投資家によって、リスクの選好度は異なります。

つまり、リスクが高い方が生きがいを感じる人もいておかしくありません。このようなことを「効用」と表現しますが、結局この効用を最大化させるところで、人のポートフォリオの中身が決まってくることでしょう。したがって、私はリスクが低いことが万人にとって受け入れられるべきこととは一概には考えておりません。

戦後からバブル崩壊まで続いた高金利の預金により、多くの国民は貯蓄性向を高め、これが資産効果をもたらして資産形成に大きな貢献を果たしたことは間違いありません。所得で得た資金は貯蓄に回すその堅実な国民性は、世界でも賞賛に値されるものでした。

しかし、バブル崩壊後にほぼ無金利状態となった日本の預金では、もはや資産形成どころか、引き出す際に徴収される手数料の金額の方が大きいケースもあり、かつての役割を期待できなくなってしまいました。

もはや運用対象にならない銀行預金の代替としてフィットする運用方法については、あまり議論の対象にならなかったように思います。特に老後の生活資金を必要としている方々へは、特別な配慮が求められるでしょう。

　個人の方でマーケットや金融などにはまったく関心を持たなかった状況にもかかわらず、ちょっと利回りがよく見えるからといって、株式投資や投信への投資に走るのは、まったくお勧めできません。前記で説明したとおり、株式への投資は相当の覚悟が必要です。そして、株式にのみ資産形成を期待するのは無理があります。

　一方で、現在の日本の円金利は極端に低く、その結果として銀行預金も資産形成においてはやはり物足りなさ過ぎます。いまや、普通預金に利息を期待する人はほとんどいないのではないでしょうか。そのような中で、債券を組み入れた資産ポートフォリオについては、前記の通り、かなりのリスクが低減され、役立つ可能性があります。

　債券はもともと、株式がダウンサイドのときに、資金が流入する傾向にあります。最近では商品先物なども出てきていますが、単純に考えて、世の中にある資金は決まっている中で、株式か債券のいずれかにシーソーゲームのように流れると表現してもよいでしょう。

　資産防衛を図る上で、最低限度は債券を組み入れることは、必要なことであると私は考えます。

3 実際の社債購入方法と手続

債券は株式同様、有価証券なので、金融商品取引法の枠の中で取り扱われます。

債券を発行する主体（発行体）は、非常に多岐にわたり、日本国政府や外国政府、一般企業や政府系機関、自治体などが含まれます。発行体別に、その債券の名前は異なりますが、債券である点はすべて同じです。

このような区分けは、細分化すればもっと可能です。株式でも自動車関連株、ＩＴ関連株、鉄鋼株などと呼ばれるのとまったく同じと考えてよいでしょう。株式でも配当や単位株数などが違っても株式である点は変わりません。

そして、株式において、業種ごとに株価の動き方や評価が違ってくるように、債券でも、社債、国債などで動き方が違ってきます。

たとえば、非常に信用不安が高まったときは、国債に資金が流入する一方で、社債の価格が相対的に弱含むことがあります。

■プライマリーとセカンダリー

債券を購入する際に、確認しておきたい事柄は前述した発行体の種類以外に、あと２つあります。

その一つは、これも株式と同じなのですが、「プライマリーであるのか、セカンダリーであるのか」ということです。もう一つは「公募債か私募債であるか」という違いです。

「プライマリー」とは発行体が最初に発行したものを取引する事象を指します。これに対して「セカンダリー」は発行企業からの直接の取得ではなく、流通している市場での取引を指します（もっとも、債券にしろ、株式にしろ、実際にはプライマリーとはいえ、証券会社が一旦すべて購入する形となっています）。

プライマリーであれば、債券発行当初からの取得ということで、区切りがよいことと、予め決められた値段で取得できるというメリットがあります。これは価格が割安であることもあり得ますし、市場の相場状況により高値掴みということもあり得ます。このことは株式でいうところの新規株式公開時の状況と似ています。

一方のセカンダリーであれば、逆に市場価格で購入することになるのですが、ここは株式とは異なる債券特有の面白い世界があります。債券は株式が東京証券取引所で取引されているような市場集中取引の原則はなく、そのほとんどが相対取引となっています。具体的には、国債や社債などの債券を証券会社がまさに〝品揃え〟し、在庫として証券会社が保有します。この結果、セカンダリーにおいての価格は、この証券会社が自らの持分を売出す価格ということになります。したがって、同じ社債であっても、証券会社によって出す値段が違ってくることは当然になってきます。これこそが、債券ビジネスが持つユニークで面白い点です。

この部分ですぐその面白さがわかった方は、商売人の感性をお持ちであると言えるでしょう。つまり、「債券」という商品在庫を多くもてば、それだけ価格決定権を握ることができ、買いたい投資家はそれに従うしかなくなるわけです。しかも、在庫のままであっても最後は発行体が買い取ってくれます。

また、確認したい項目の2つ目である公募と私募の違いについては、詳細は後述しますが、簡単に言えば、公募社債が不特定多数の投資家を対象としているため、スタンダード企画商品として広く流通しやすいのに対し、私募社債は特定少数の投資家を対象としていることから、独特の商品性を持たすことが可能である一方、流通が制限されていることもあり、流動性において公募社債に劣る点が違います。

債券発行時
（プライマリー）

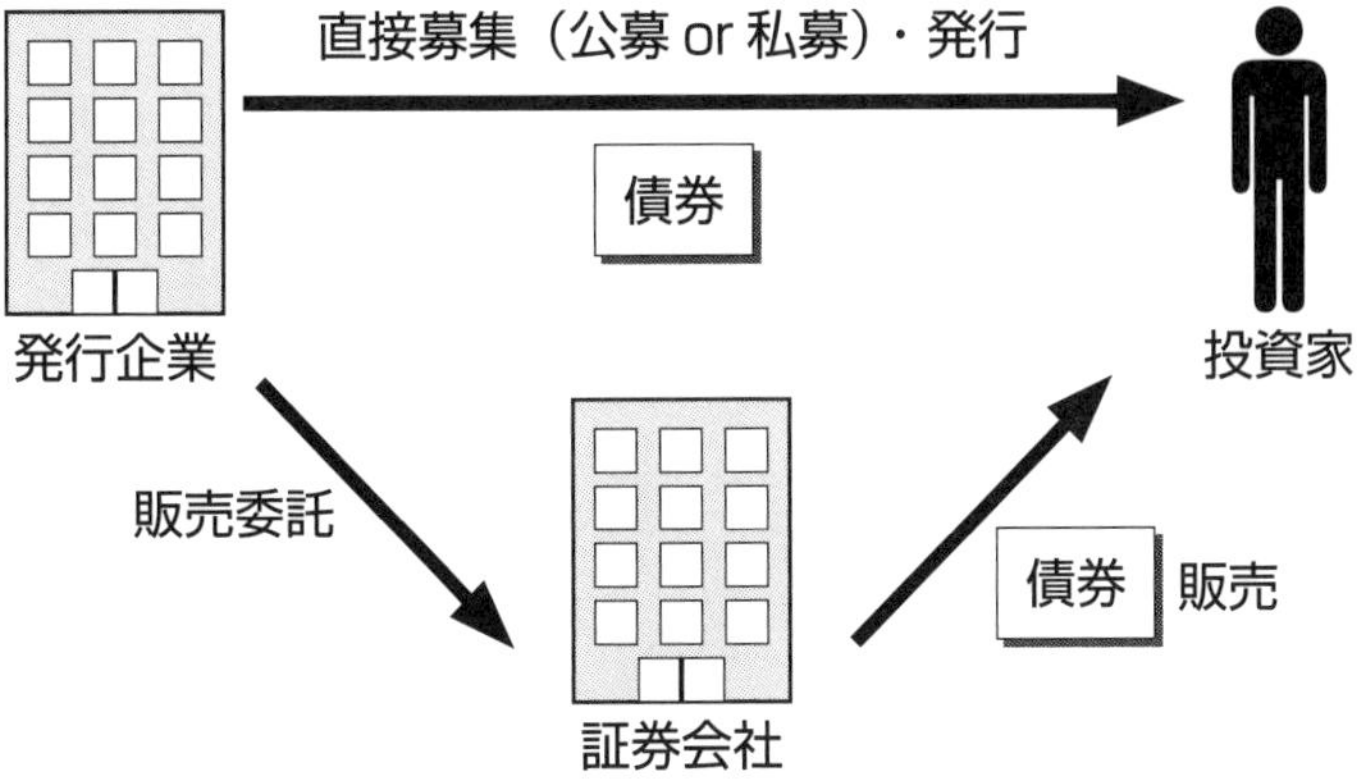

債券流通時
（セカンダリー）

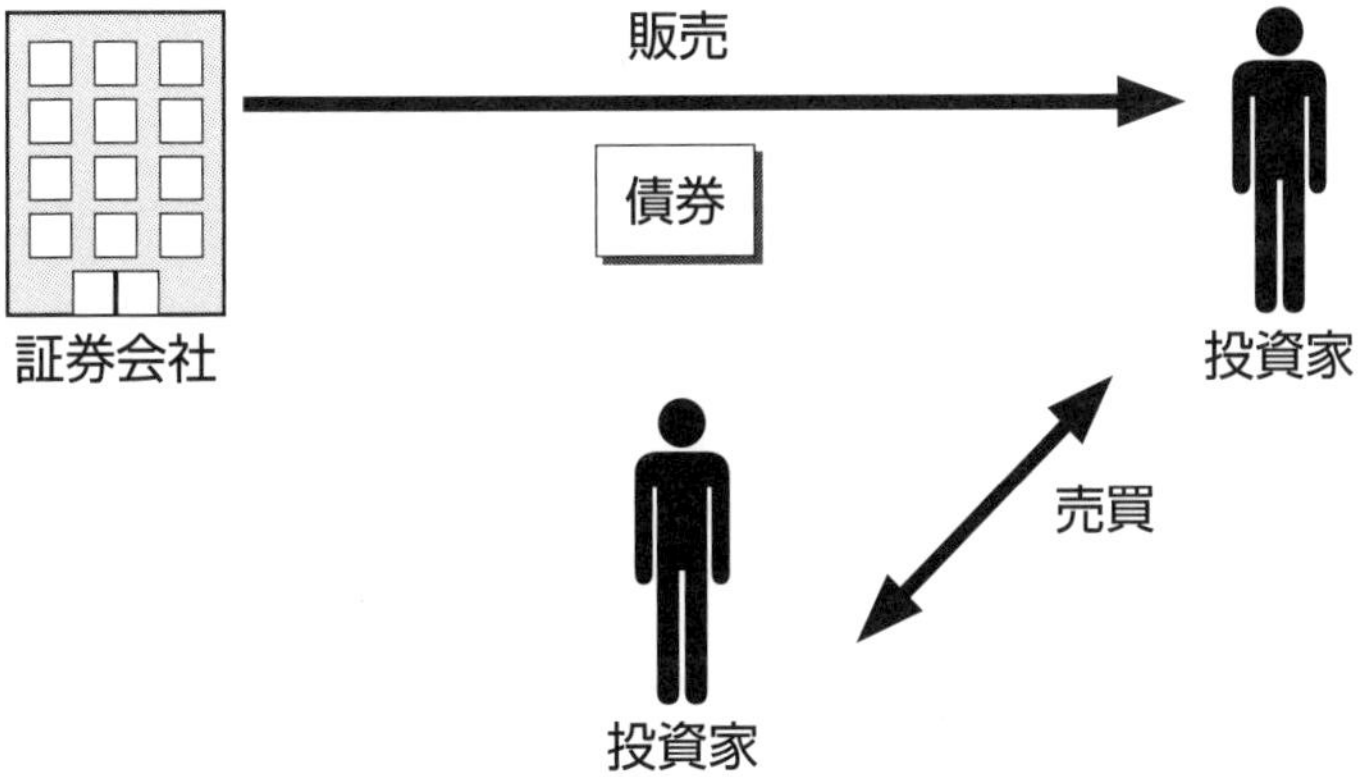

■社債の購入

では、実際に社債を購入するにはどのようにすればよろしいのでしょうか。いくつかの方法があります。前ページの図でご説明します。

有価証券である社債を販売できるのは、金融商品取引業登録を受けた業者である必要があり、これは証券会社に他なりません（最近では、銀行も金融商品仲介業登録をすることで、証券会社の販売代理を行っています）。

では、まずはお近くの証券会社に行ってみることから始めましょう。

一般的な物品を扱う小売店と同様、大きな証券会社はデパートのように幅広い種類の債券を取り揃えている可能性が高いでしょう。

しかし、社債の1ロットは決して小さくはありません。一般的に機関投資家は1億円ロット以上で取引することから、社債も1億円ロットというのは珍しくありません。もちろん、最近では、ロットを100万円程度に下げ、個人向けに小口化して販売する例も出てきていますので、個人でも購入することはできます。しかし、ロットの差こそあれ、それらは同じ公募社債であることに変わりはありません。

証券会社で購入する場合、資金を振り込み、通常は口頭で買う意志を表明すれば事足ります。これは株式と同様です。法律により、口頭での約定が認められているからです。あとの事務手続きは証券会社がおこなってくれます。そして、売却したい場合は、証券会社に再度申し出ればよいわけです。なお、社債の券面を投資家が手元に置くケースは稀であり、振り替え機構による管理により社債権者として認識されることとなります。

前期のフローチャートにおいて、債券発行時（プライマリー）に証券会社を介さずに発行体が投資家に向けて直接発行することができます。これは公募・私募両方で可能です。これは、発行体に申し込みを行い、担当者から概要をヒアリングし、社債要項などを読んで賛同した場合は、期日までに払い込みを行うことで購入することができます。

債券発行後の二次流通時（セカンダリー）においては、もちろん証券会社が持っている社債を買うことができます。しかし、私募債のように流通量が限られるものについては、持っている投資家から直接購入するしかありません。なお、証券会社は仲介業務も行っていますので、証券会社を通じて不動産仲介のように社債を第三者から購入することもあり得ます。

結局のところ、流通の程度に差はありますが、債券である以上、償還期日と利息などが決まっていて、すべては発行体の信用度に依存していることはいかなる社債であろうと同じです。

4 低格付け社債の魅力について

低格付け社債とは、ＢＢＢ未満の格付けを得ている社債のことを指します。しかし、機関投資家にとってはＢＢＢ以上であることとＢＢＢ未満であることは、投資商品とみなすか否かの大きな違いがあります。

それは、特に銀行などの金融機関の場合は、行内の基準としてそもそもＢＢＢ未満である債券は投資対象から除外していることがほとんどであることが挙げられます。同様に、生命保険会社や年金基金を運用する投資顧問会社、信用金庫や信用組合なども投資対象からはずしていることが一般的です。特に銀行の場合は、経営上の大きな違いが出てくるのです。この背景を考えてみます。

ここに金融庁が平成18年3月31日に発表した「バーゼルⅡにおける適格格付機関の格付と告示上のリスク・ウェイトとの対応関係（マッピング）について」という公式発表資料があります。まずは、その内容をみてみましょう。

「今般、平成17年3月31日に公表した「バーゼルⅡにおいて利用可能な格付機関の選定について」で示された適格性の基準及びマッピングの基準を踏まえ、株式会社格付投資情報センター（R＆I）、株式会社日本格付研究所（JCR）、ムーディーズ・インベスターズ・サービス・インク（ムーディーズ）、スタンダード・アンド・プアーズ・レーティング・サービシズ（S＆P）及びフィッチレーティングスリミテッド（Fitch）の5社をバーゼルⅡにおける適格格付機関に定めるとともに、各格付機関の格付と告示上の「信用リスク区分」及び「リスク・ウェイト」との対応関係（マッピング）を以下のとおり示すこととしました。また、証券化エクスポージャーについては、別紙において「本邦における証券化取引に対する適格格付の公表要件」も併せて示しています。

なお、以下のマッピング案は、平成18年3月末から開始される予備計算期間に間に合わせるために公表するものであり、今後平成19年3月末のバーゼルⅡの実施開始までにマッピングの見直しを必要とする事態が生じた場合には、以下のマッピング内容を見直すこともあり得ます。」

その上で、法人等向けエクスポージャー（金融機関が自己資本比率計算において用いる、格付けに対応するリスクウェイトのこと）として177ページのような一覧表が公表されています（抜粋）。

この表に登場する格付けに対応するリスク・ウェイトは、次の分数の分母を構成する要素となります。

$$\frac{\text{自己資本（Tier1+Tier2+Tier3-控除項目）}}{\text{リスク・ウェイト}}$$

これを銀行の「自己資本比率」と呼びますが、分母が大きくなれば、逆に自己資本比率は低下することになります。ＢＩＳ規制により国際的展開をするためには、８％以上の自己資本比率を維持しなければなりません。国内だけでの活動といえども、４％以上という基準が設定されています。このような基準を下回る場合は、金融庁から早期是正措置が発動され、厳しい監督下に置かれることになるのです。

マッピング基準（法人等向けエクスポージャー）

バーゼル委員会（パラグラフ66）	AAA ～AA－	A＋ ～A－	BBB＋ ～BBB－	BB＋ ～BB－	BB－未満
信用リスク区分（第65条）	4―1	4―2	4―3	4―4	4―5
リスク・ウェイト	20%	50%	100%	100%	150%
R&I	AAA ～AA－	A＋ ～A－	BBB＋ ～BBB－	BB＋ ～BB－	BB－未満
JCR	AAA ～AA－	A＋ ～A－	BBB＋ ～BBB－	BB＋ ～BB	BB未満
ムーディーズ	Aaa ～Aa3	A1 ～A3	Baa1 ～Baa3	Ba1 ～Ba3	Ba3未満
S&P	AAA ～AA－	A＋ ～A－	BBB＋ ～BBB－	BB＋ ～BB－	BB－未満
フィッチ	AAA ～AA－	A＋ ～A－	BBB＋ ～BBB－	BB＋ ～BB－	BB－未満

このため、社債であれば、たとえスプレッド（基準金利を上回る利回り）が非常に小さくとも高格付けであることを選好するインセンティブが発生します。

英語の世界では、BBB以上の格付けを「Investment Grade」と呼び、投資適格と称されるのに対して、BBB未満は「Non Investment Grade」と呼び、投資不適格と称されることもあるように、ネガティブな印象を与えることもあります。この背景には、米国でも1970年代までは、発行時にBBB未満の社債はほとんどなく、BBB未満になったのはかつてBBB以上であったにもかかわらず、信用面の悪化により格付けを落としてしまった結果であって、そのような社債発行企業は投資対象として敬遠すべきであるという一般認識があったものと考えられます。

それゆえ、1980年代に市場が創生し始めたBBB未満の格付け債券市場は、通称「ジャンク債」と呼ばれたのも無理からぬことであったと言えます。

■低格付け社債の可能性

しかし、低格付け社債においても、一つの可能性があることを見出した人物が1980年代のウォール街で登場しました。それが、マイケル・ミルケンです。

低格付け社債でも2つのケースが考えられます。格付けの転落によってBBB未満となるケースと成長企業であるがゆえにＢＢＢ以上まで至らないケースです。ミルケンが着目したのは後者のケースでした。

このことは次のように考えることができます。

たとえば、急成長中の通信ベンチャー企業Ｘ社は自らよりも2倍大きく信用度の高い企業Ｙ（格付けはＡＡ－）を買収しようとします。その際に、買収資金の調達のため、社債を発行しますが、買主である通信ベンチャー企業Ｘ社の格付けはＢＢ＋であったとします。買収が成功し、Ｘ社がＹ社を傘下においた場合は、もちろんＸ社は負債比率が高くなりますが、結果として高い信用度を誇るＹ社という優良資産を獲得したことで発行していた社債のクレジット評価は向上する可能性が高くなります。

このことを、シミュレーションしてみることにします。

①当初のＸ社とＹ社の状況は１８１ページ図①の通りです。

②Ｘ社は買収のため、社債を発行します。Ｙ社の株式と負債すべてを１２０億円で買収することとし、のれん代は発生しないこととします。当該１２０億円の全額を買収資金で賄うこととします。発行条件は１８１ページの図②の通りです。

③買収完了後のＸ社のバランスシートは１８１ページの図③のようになるでしょう。

④買収完了後は、X社の自己資本比率は27％となり、財務状況は悪化します。しかし、Y社がもたらす高い信用力の評価も加味される可能性が強くなります。そして、格付けの再取得をした結果、新X社は長期債務につき、ＢＢＢという投資適格の格付けを得たとしましょう。その瞬間、買収のために発行した社債の市場価格は高騰することとなります。たとえば、市場に流通するＢＢＢ格で償還期限が３年の社債の利回りが概ね５％であったとしましょう。その場合、X社が発行した社債の価格はどのようになるでしょうか。社債の価格評価は、同年限と同格付けであれば、利回りをほぼ同じであるように裁定取引が成され、市場価格は収斂されます。したがって、簡単化のためX社の社債の残存期限が３年であるとすると、価格はおおよそ１１３円に跳ね上がります。そのメカニズムは以下の通りです（注　一日で変化が起きたとする）。

当初のX社の社債：利回り10％、価格１００円

↓

格付け会社による格付け向上期待

↓

社債人気が高まり、利回りは８％に低下、価格は１０５円に上昇

図①

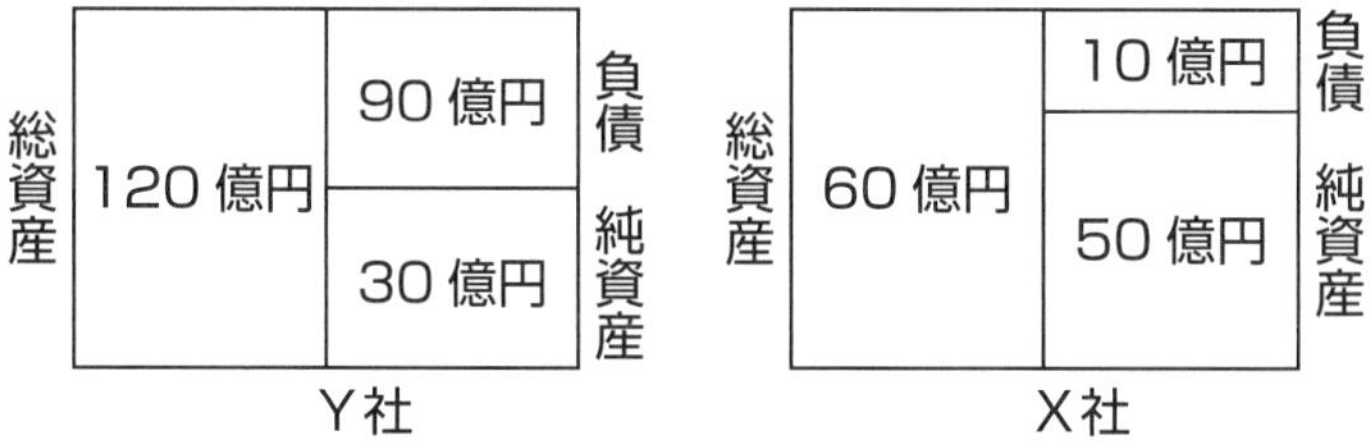

図②

期間	３年
発行額	120億円
格付け	BB＋
利率	10%
発行価格	100円
利回り	10%

図③

格上げ発表により正式にＢＢＢの社債として認知

↓

Ｘ社の社債の利回りは他のＢＢＢ格と同等（５％）に認識

↓

Ｘ社の社債：５％、価格１１３円

以上の事例は、一日で起きるという前提ですが、一日でなくともこのようなことはかなり短期間で起きても不思議ではありません。もし最初に１００円で社債を購入していた投資家は、かなりの利益を得ることが可能となるでしょう。

低格付け社債の中でもこの成長意欲旺盛な企業においては、このようなミラクルな現象も起きる潜在性があること、そこがこの低格付け社債の魅力であると言えます。

ちなみに、もしX社の社債が5％まで利回りが低下するとなると、X社は早期償還条項を行使するか、市場から買い集めて償却するなどの対処をするでしょう。そして、X社はリファイナンスとして再度社債を発行することでしょう。なぜならば5％で借りられるにもかかわらず、10％の利息を払い続ける企業などありえないからです。

5 潜在需要のある低格付け社債市場

現状の日本では、ＢＢＢ未満の企業にとって、社債の資本市場への道は閉ざされたままとなっています。

彼らが資本市場において用いることのできる手段は株式発行もしくは「株絡みモノ（転換社債型新株予約権付社債、新株予約権等）」の発行に留まります。

特に２００３年ごろから目に付くようになった「ＭＳＣＢ（Moving strike convertible bond　転換価格修正条項付新株予約権付社債）」はそのような企業にぴったりの資本市場を用いたファイナンス手段であったと言えます。

■事実上、社債発行可能企業は限定的

ところで、資本市場における社債発行へのアクセスルートを有する企業とそうでない企業というのは、企業経営に絶大な差を生んでいることは明らかです。前者のような企業は

一般的に言われる超優良企業であり、常連でほぼ固定されていると考えてよいでしょう。具体的には、三菱商事、ＪＲ東日本、三菱地所、東京電力、三井住友銀行など、いずれも超一流企業と言われる企業群です。そのような企業群は上場企業が約４５００社以上ある中で、多くても２００社程度であると考えます。証券会社では流通している社債を在庫として抱えていますが、もっと少ない可能性もあります。

一方で、本書で何度か触れているように、社債発行は法的には事実上すべての企業が可能です。上場企業においてＢＢＢ格付未満の企業であっても、たとえば銀行が引受ける社債などの私募債を発行する企業もあります。ここで問題となるのは「資本市場において発行する社債」のことであり、格付けがＢＢＢ以上の投資適格債券のことです。通常は、公募形式で行われ、規模は１００億円ではむしろ小さいほうであり、発行額は１０００億円以上に膨れることも珍しくはありません。そのような巨額の資金調達、還元すれば社債の募集が一瞬にしてなされ、証券会社経由で日々行われているのです。まさに資本市場のダイナミズムが展開されているわけです。

しかし、ＢＢＢ未満の企業にとっては、日常的な資金調達は銀行借入に依存しています。日本の銀行は担保主義を原則とし、約定弁済が存在し、企業ごとに決められた融資枠の範囲内での融資が中心となっています。

資本市場における社債発行可能な企業

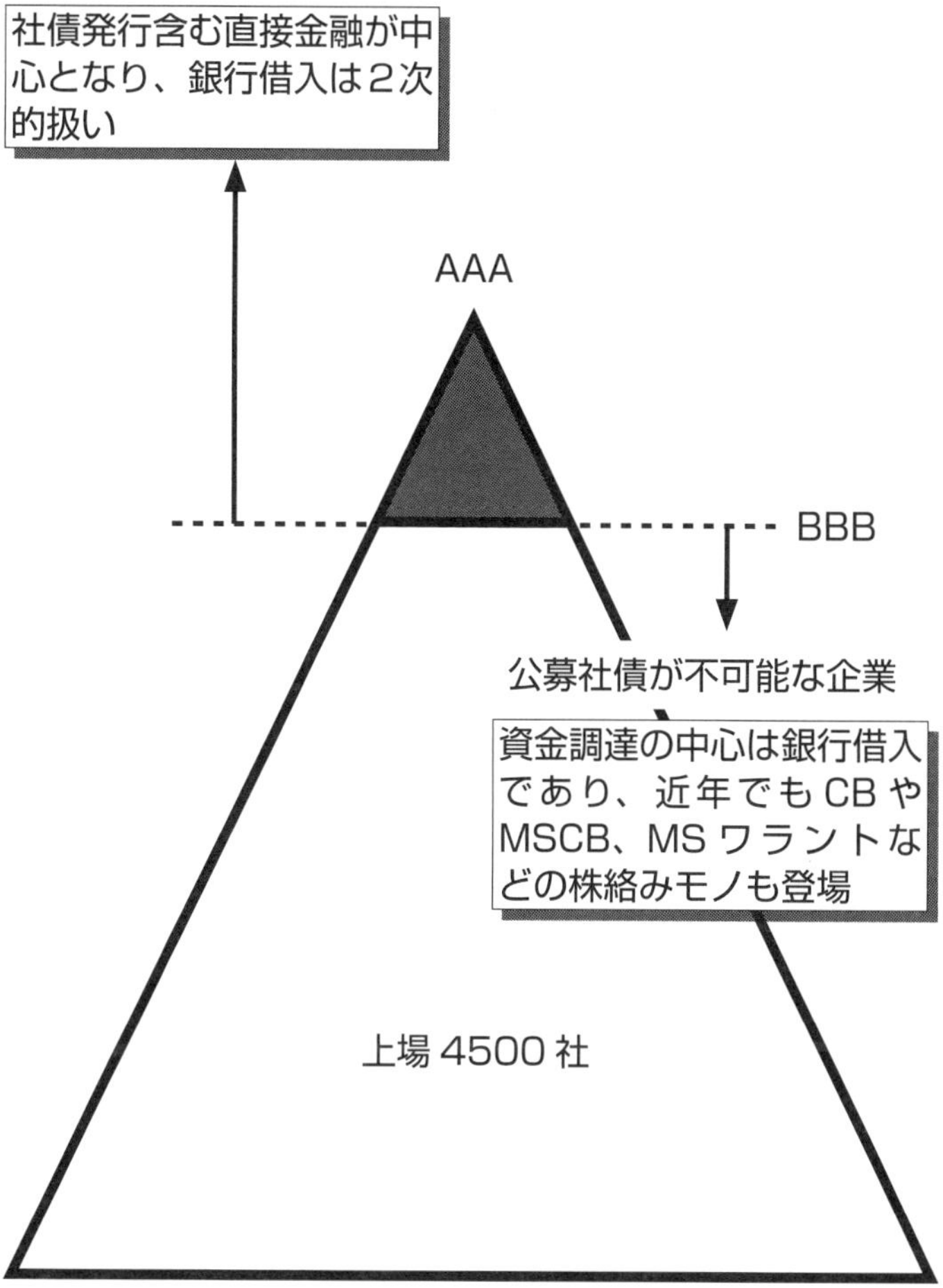
社債発行含む直接金融が中心となり、銀行借入は2次的扱い
AAA
BBB
公募社債が不可能な企業
資金調達の中心は銀行借入であり、近年でもCBやMSCB、MSワラントなどの株絡みモノも登場
上場4500社

その結果、前年までに有利子負債総額が50億円であった企業（自己資本25億円）に対して今年追加で50億円融資するには銀行との交渉に相当な時間と労力を必要とします。未公開企業の場合であれば、具体的には経営者の個人保証、不動産担保（経営者の自宅含む）、経営計画書の提出などは当然に考えられ、実際融資したとしても融資実行の当月から元本の一部返済が始まることでしょう。このような元本返済スケジュールは、たとえば５年の借入期間であれば、当該50億円の借入に対し、毎年10億円をしていくこととなります。しかも、これは毎月発生するスケジュールかもしれません。この場合の借入金利は、５年の国債利回りに２〜３％程度上乗せした程度でしょう。

■同じ負債でも多大な負荷のかかる銀行借入

しかし、銀行借入を行った企業側にとっては、利子支払いなどの負担よりも、毎月の元金返済の方が圧倒的に重くのしかかることになります。たとえば、前記企業の場合は有利子負債総額が合計で１００億円となり、返済期間が合算でも5年であるとすると毎年20億円の返済をしていくこととなり、月ベースでは1億６６６万円となります。ちなみに、1年間の利息支払いは合計でおよそ2億７０００万円程度となります。企業は、少なくとも年間を通じて利息以外に20億円を作り出さねばなりませんこれの意味するところは、企業は会計上の営業利益だけを追及するだけでなく、キャッシュフローを生み出すことに専念しなければならないのです。キャッシュフローを生み出すためには、３つの選択肢があります。それは、営業でのキャッシュ創出、資産売却でのキャッシュ創出、資金調達（株式発行やリファイナンス）でのキャッシュ創出です。前記企業の総資産が１２５億円であるとすると、総資産営業利益率（ＲＯＡ）で16％以上たたきださなければ、他の資産売却や資金調達でカバーしなければならず、結果として現金はほとんど残らない結果となります。これでは、銀行のために働いていると表現する以外にありません。

銀行借入に対する期中の返済金はもちろん損金ではありませんので、税金の支払い時にキャッシュがないという事態に直面する可能性もあり得ます。特に未上場企業にとって前記いずれの選択肢が取れない場合は往々にして節税を図り、キャッシュを維持しようという意識が高まる要因の一つがここにあると私は考えます。

■キャッシュフロー上余裕度の高まる社債

では、資本市場において社債発行が可能な企業はどうでしょうか。たとえば、前記企業と同様に自己資本が25億円、有利子負債はすべて社債（当然に満期一括償還型）で賄うことし、社債発行総額は100億円、5年の利子は2％としましょう。

この場合は、シンプルです。当該企業は年間で2億円を社債利息として支払うだけでよいのです。

たとえば、ROAが16％であるとすると、銀行借入依存型企業の場合は、ほとんどを銀行借入返済にせざるを得ませんでした。

しかし、当該企業が同じROAだとすると、年間で18億円は税引き前利益を計上することができ、税金の支払いも難なくできるようになります。さらに言えば、当該企業は2％のROAであっても利息を支払うことができ、営業上は問題はないとも言えます。

そして、5年後の社債償還も、財務状況と営業状況が変わらないまま格付けを維持できれば、リファイナンスのための社債発行は容易にできることでしょう。

その5年後においては、ROAが16％であり、かつ税率が40％であるとすると、毎年約10億円の税引き後利益が積み上がるため、自己資本は当初の25億円から75億円に増加することとなります。自己資本増加により財務健全化がもたらされるために、5年後にはさらに大きな資金調達が可能になります。

銀行借入依存型企業であれば、もちろん常にリファイナンスができればよいですが、銀行の姿勢は、当局や銀行内の情勢、景気情勢等様々な影響を受け、いつでも豹変する可能性が潜在的にあり、多くの企業ではリファイナンスを前提とはしていないでしょう。

このように資本市場を相手にできる企業と、一部の銀行しか交渉相手がいない企業ではまったく別次元の企業展開となるわけです。

私には、満期一括償還型の社債と、同じ年限でも期中均等返済型の銀行借入は同じ負債であっても、まったく異なる資金調達であると思えてなりません。

■BBB未満の企業における社債発行環境

ところで、BBB未満の企業がBBB以上の企業と同様に社債発行ができる道はないのでしょうか。

まず企業側は、前記のような企業展開力に格段の差が生じるため、潜在的なニーズがあると考えます。もっとも、日本では負債は善ではなく悪というイメージとカルチャーがあるため、銀行借入のみの世界にいた企業経営者は、借金はできるならば返したいという気持ちがあるかもしれません。しかし、株主の立場から考えれば、負債を利用することで、レバレッジによりROEを高めることができ、（一定の制約条件の下で）結果として株主の利益を高めることになります。この具体的現象は、たとえば上場している企業が社債を発行して自社株買いを行うことなどで見受けられます。要するに借金して株主に報いるわけですが、ＢＢＢ未満の企業で、もし上場もしていない企業ならば、信じられない企業行動に思えるかもしれません。

上場企業の中でもＢＢＢ未満の企業は上記の通り公募の社債発行は今のところできませんが、資本市場を使う唯一の手段が株絡みモノであるＣＢやＭＳＣＢであるのは前述の通りです。

しかし、それら低格付け企業の株主にとっては本当にベストかといえば、ＮＯです。特に、ＭＳＣＢの発行は再生過程にある企業こそ資金提供者と企業、株主の利益に適う商品です。そのいい例は三菱自動車です。同社は危機的状況に陥りましたが、この資金調達方法を取ることで、再生に弾みをつけ、その後大きな株価上昇につながりました。当時の財務状況で、資金提供者のリスクを最小限にして、企業のポジティブな資金需要に対してファイナンスを行い、結果として株主利益を最大化させた資金調達として評価されるべきです。**再生過程にない通常の企業がＭＳＣＢを発行した場合は、よほどその調達資金でリターンを生み出さない限りは株主利益の希薄化をもたらす以外になにももたらしません。**株絡みのファイナンスはほとんどの場合、利息は付されておらず、企業にとっては支出がないというのは錯覚であって、実際は多大なる資本コストがかかっているのです。

そのことを考えると、ＢＢＢ未満の会社であっても満期一括償還型の社債が発行でき、それが流通するような低格付け社債市場があれば、ＢＢＢ未満の企業の経営に大きな貢献をすることでしょう。

一方、投資家側においてはこのようなＢＢＢ未満の格付けの社債への投資はメリットがあるのです。年金基金などは、なぜか株式運用が当然のこととしてとらえているようですが、株式は全体として相互に相関関係を有し、最もリスクが高い分野であることを考えると、極力最小限度に抑えるべきです。しかし、すべてを低利回りの国債で運用するわけには行きません。そこで、ＢＢＢ未満の高利回り社債への投資により、全体としての利回り底上げを狙うことが可能になります。

もっとも、銀行の貸出利率がＢＢＢ未満でも異常に低いため、企業経営者側が低利率であるという錯覚があるため、熱心に社債発行の検討をしないというのも、低格付け社債市場が育たない要因の一つかもしれません。実際は、既述の通り、銀行借入では利率以外の負担（キャッシュフローへの影響）が圧倒的に重いことは、もっと強調されるべきであるのです。

■低格付け社債発行環境整備は、調達側・投資家双方にメリット

運用の規律が厳しい生命保険会社や銀行などは市場が成熟して出てくるものです。それ

以前に、この低格付け社債への投資に意味を見出し、実際的な利益を享受する投資家の登場が必要となります。このような投資家の候補は、富裕な個人投資家や、投資信託、財団法人、学校法人、年金基金などが想定され、それらの投資家への啓蒙と開拓・発掘の役割は、証券会社が中心的に担うこととなりますが、公共的見地から立法府や行政府の支援がやはり求められます。米国では、１９８０年代に民間の証券会社においてマイケル・ミルケンを中心にして、いわゆるジャンク債市場が生まれましたが、金融業が規制業種という色の濃い日本においては制度的な問題も含め国家的プロジェクトとして取り組むことが必要です。

もし、低格付け社債市場が発展すれば、企業側にとってさらなる成長機会を得ることができるだけでなく、投資家にとっても確定利回り商品のラインナップが増えることで投資先の選択肢が増え、結果として最終的な年金支払い余力を高め、資産効果により国富を増加させることにつながると私は確信しています。

そして、金融ビジネスとしては、証券会社に新たなビジネス機会をもたらし、M&Aとのシナジー効果により、より多くの収益機会を創出することでしょう。具体的に格付BB B未満の企業が社債を発行したい場合は、割引形式の社債などで証券会社が一度私募の形で引き受け、タイミングをみてそれを再販していくことが当初は必要となるでしょう。この際に証券会社は相手先企業を銀行が融資するのと同様の審査能力を発揮することが求められます。私募で引受けた価格と再販した価格が証券会社の利益となりますが、これは場合によっては莫大な収益を享受できる場合もあるでしょう。

低格付け社債市場は、米国では社債発行市場において２割程度、ヨーロッパでも３割程度を占めており、巨大な市場です。

米国の社債発行残高は、５００兆円でありますが、日本では50兆円程度しかありません。同国での銀行貸出の合計は３００兆円程度であり、日本では４００兆円です。**つまり、米国では民間企業への負債のうちの６割以上を社債が占めているのに対して、日本では１割程度でしかないということになり、社債の重要度が米国と日本で正に逆転していると表現してもよさそうです。**その中で、米国における低格付け社債市場は１００兆円規模と推計されます。低格付け社債の発行は非常に波があるものの、日本の社債市場よりも大きく、いかに規模が大きいかがわかります。

このような低格付け社債を発行することで、小が大を飲むようなレバレッジド・バイアウトによるM&Aを生み出し、米国市場にダイナミズムをもたらしていると言えるでしょう。

6 成功する社債投資のコツと注意点

失敗は許されない債券投資の中で、社債に投資する際に注意すべき点を3つ挙げたいと思います。社債は企業が「倒産する」ことが最悪であり、それを避けられればよいのです。

第1条　投資対象としている企業の自己資本（純資産）が総資産の4割以上であること
第2条　過去3カ年の業績が安定していること
第3条　会社活動に懸念材料が全くなく、企業や経営者の悪い評判も一切ないこと

これら3か条について個々に説明していきましょう。

まず第1条については、換言すれば負債比率が総資産の6割以下であるということにな

ります。他にも財務の健全性を診断する指標として現金のような流動性の高い資産をどの程度多く持っているか（流動比率）などもあります。

第2条については、業績のブレ幅が大きい企業は避けるべきでしょう。ベンチャー企業のように毎年拡大しているのはよいですが、その財務諸表への信頼性があるかどうかは確認すべきです。ベンチャー企業としての価値を保つため、経営者は拡大基調の業績を「作る」誘惑に負けることも有り得ます。充分注意すべき点です。すべてに言えること事ですが、急拡大の後には、急降下が待ち受けていると考えるべきでしょう。

逆に業績が安定しているということは、不景気に陥ったときでも安定したキャッシュフローが見込めるため、元利払などへの余力も維持するであろうという推測が可能です。

第3条については、企業活動への評判は関係している企業、銀行、社員の行動や決断に大きく影響します。今、最も重要なのはコンプライアンスである以上、その評判を落とす企業は、有形無形のダメージを受けることになります。結果として、すべてのステイクホルダー（利害関係者）から縁を切られる可能性があり、業績を悪くし、財務も悪化を招くことは過去に多くの例を有します。経営者や社員の評判が悪いということは、何かしらの原因がある可能性があります。新たな負はさらなる大きな負をもたらし、連鎖します。

この評判は軽視することはできません。たとえば、新興不動産会社の代表格とも言えた

U社（東証一部）が夏場に倒産しましたが、同社については、すでに半年以上前から業界の中でコンプライアンスに対するネガティブイメージが形成されていました。

私は、上場当初より株主でもあったので非常に残念ではありましたが、そのような評判が不動産・金融業界で囁かれていることを知ると、即座に手放す決断をしました。

企業が社会で活動する以上、関わるすべての人や法人（ステイクホルダー）は信用を常に気にするのは当然です。ましてや上場企業という社会的ステータスの高い企業に対して、ステイクホルダーは特別高い信用を求めます。それは同時に上場企業と接するステイクホルダー自身の信用をも形成することに結びつくからです。

それにもかかわらず、上場企業の信用や評判に関して一点でも曇りがあるとすると、ステイクホルダーは当該上場企業と接触する大きな動機が失するに等しいことになります。

また、このことにより、銀行は新たな融資を行う理由もなくなることは目に見えています。銀行は何よりも社会的なコンプライアンスが求められる業種です。

銀行がある日、融資姿勢を厳しくした場合、かつ不動産市況が悪化している場合は、開発系の不動産会社はほぼ死の宣告を受けるに等しい意味合いがあります。

このようなことは、開発系不動産業種において顕著ではありますが、その他の業種にも多かれ少なかれ当てはまります。

最も重要な情報は常に一部の人のみが知り、一般の人が知るころにはすべて終わっていることがよくあります。これはすべての分野に当てはまることと思いますが、どうしてもプロと一般との情報断絶は避けられません。

しかし、現在は様々な情報媒体を利用することもできますし、さらに上場企業であれ、未公開企業であれ、すでに投資している人もしくは投資を検討する人にはある程度の対応をすることは当然となっています。ですから、もし投資を検討している企業があれば、実際に電話をするなり、会社訪問をするなり、社員や社長とも面談を重ねることもトライしてもよいでしょう。企業の対応は１００社あれば１００通りの違いがあります。

その中で、本当に信頼できる企業を探すことは可能です。

結局のところ、社債権者にとって社債は利息と元本が期日通り予定金額で支払われることこそ最大の関心事でありますが、毎日企業活動をチェックする手間は省きたいものです。

そのためにも本当に安心できる企業を最初は時間をかけて探すことが大切でしょう。

第6章

米国社債市場事情

1 米国における社債市場

■米国社債市場の規模

米国の債券市場の規模の大きさは、世界でも群を抜いています。債券発行額の大きい国々を中心に比較したものが、次ページの図になります。

この図で明らかなことは、米国では国債市場を凌ぐ非政府部門の債券発行市場が相対的に大きいという点です。

市場の大きさのみならず、債券の種類も非常に多岐にわたり、革新をし続けてきました。たとえば、1997年に初めて入札が行われた財務省発行の「インフレ連動債（Treasury's Inflation-Protection Securities）」はその一例です。このインフレ連動債は日本でも導入されていますが、米国を手本にしたことはいうまでもありません。

さて、米国においてインフレ連動債が導入された背景は、第一に市場のインフレに連動

各国の債券発行残高

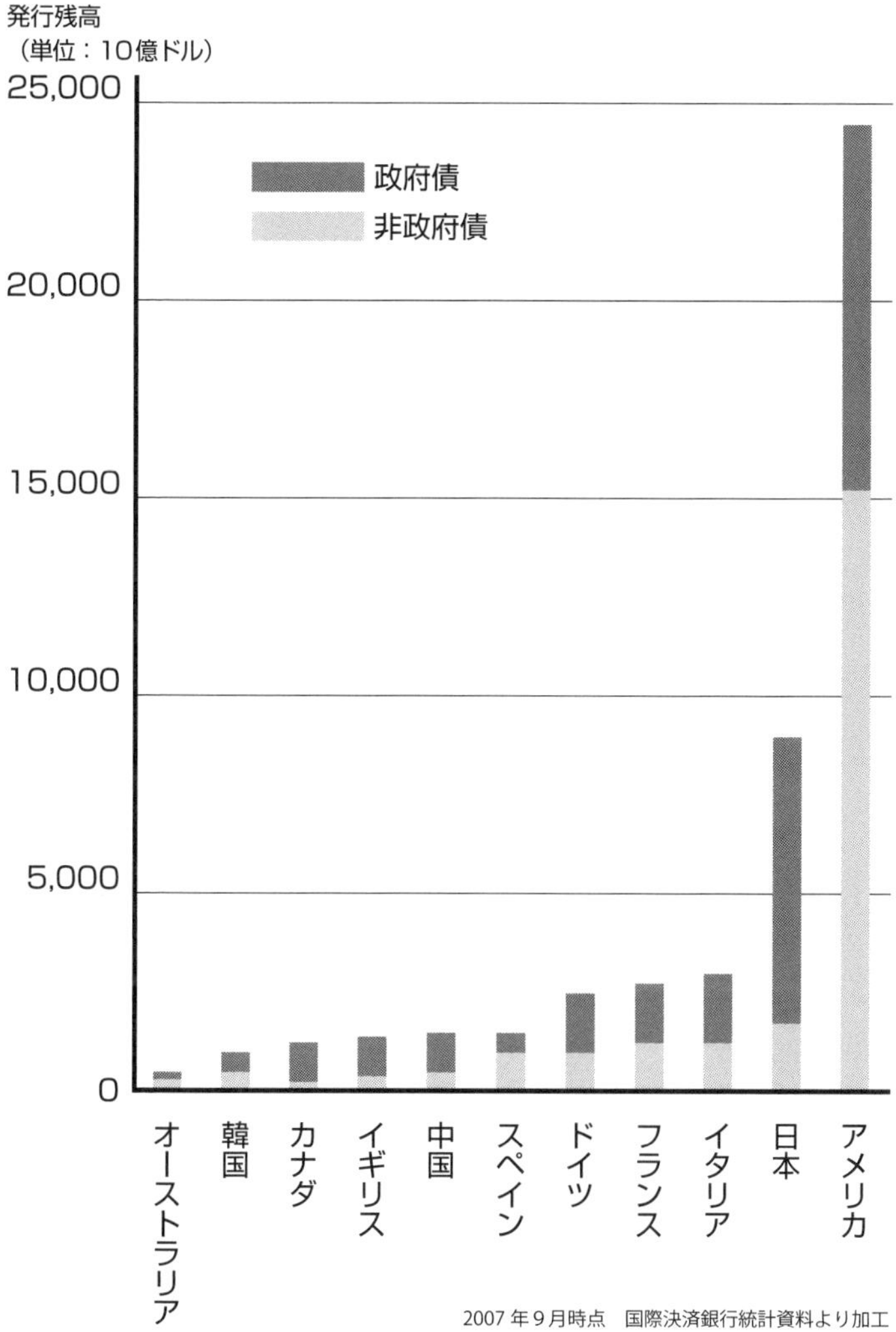

2007年９月時点　国際決済銀行統計資料より加工

して債券の元本を増減させることにより、インフレ上昇時でも債券の価値が下落しないようにするところにあります。

この結果、一般的に債券の利回りに反映されているインフレ・プレミアムを減少させることが可能になるため、長期的には政府の国債費用を低下させることにつながります。

■米国で発行される社債の種類

次に、民間事業会社が発行する社債市場をみてみます。

米国における事業債市場では、産業別にみても、格付けでみても、多種多様な社債が発行され、流通しています。発行残高は米国債券市場全体の3割程度を占め、およそ300兆円規模です。

米国で流通している社債にはいくつかの種類があり、次のように分類できます。

①無担保社債（Debentures）

発行体の信用に基づいて無担保形式で発行される最もメジャーな社債であり、弁済順位は一番であることが一般的です。日本においても、公募社債はほとんどがこの種類に該当します。

②不動産担保付社債（Mortgage Bonds）

電力やガスなどの公益事業体が発行する社債発行に用いられ、発行体の保有する土地に第一抵当担保権をつけるものです。無担保の場合に比べ、金利を抑制できるメリットがあります。

③証券担保付信託社債（Collateral Trust Bonds）

債券や株式などの証券資産が担保となり、これを信託した上でオフショア（非居住者地域）における特別目的会社などが発行する際に用いられます。

④劣後社債（Subordinated Debenture）

返済順位が優先債に劣後する社債です。これは日本でもメザニンファイナンスの一環ですでに一般化しています。また、銀行などが自己資本増強を目的としてこの種の債券を発行する場合があります。金利は優先債よりも高く設定されることになります。

⑤設備担保社債（Equipment Trust Certificates）

鉄道会社や航空会社が主な発行体であり、新規購入する設備を信託し、債券の担保とする方式です。物的担保のみならず、運営権や離着陸権なども担保の対象となります。

ところで、日本の旧証券取引法や銀証分離政策（銀行と証券会社に異なる規制を敷くこと）はそもそも米国を手本としているため、根本的に日米で大きな違いは見受けられません。特に、銀行と証券の分離政策は、１９２９年の世界大恐慌の教訓を基礎とした「グラス・スティーガル法」が米国においても近年で規制緩和の議論がなされ、実際に持ち株会社の傘下ならば別法人にて兼業が可能となったのを受けて、日本でも同様に規制緩和がなされたものの、根本的な面では変わっていない点は、いかに日本が米国の金融行政を手本にしているかを物語っているとも言えるでしょう。

つまり、日本と米国では大枠において金融システムが極めて似ていることは当然の帰結です。しかし、市場の厚みや自由な革新、投資家や発行体双方に多種多様な選択肢が用意されている点では、米国は日本の20年先を行っていると言っても過言ではありません。その代表例が、１９８０年代に登場した後述するハイ・イールド債市場です。

2 公募と私募

債券発行においては、公募と私募の区別があるのは米国でも同様です。さらに、機関投資家向けの「プロ私募」と呼ばれるプロ限定の募集方法が存在するのも同様です。以下では、米国における公募と私募についてご説明します。

①公募

社債の大半は米国でも公募形式で発行されます。投資適格債の7割程度がこの形式をとり、「**アンダーライター**」と呼ばれる証券会社（ゴールドマン・サックスやモルガン・スタンレー等）を通じて不特定多数の投資家に対して募集が行われ、販売されていくものです。この場合の投資家には制限はなく、一般個人投資家から機関投資家までのすべての投資家が対象となります。そのため、発行するに当たっては、日本同様さまざまな登録手段が必要とされます。SEC（証券取引委員会）への届出ならびに販売が行われる州における届出など、ステップを踏むこととなります。

②私募

米国では、私募形式の募集も大きな規模を誇っており、その発行環境が整備されています。この点は日本の金融行政でも常々議題となる点です。米国において私募発行の根拠となる法律は「**ルール144A**」と呼ばれます。ルール144Aは、当該法律により規定されている機関投資家（Qualified institutional Investors：1億ドル以上の一任勘定資産を有する機関投資家）に販売される場合は、SEC登録義務を免除されるため、機動的に資金調達を目論む企業と特定機関投資家を結びつける場合などに用いられます。

この私募市場は、債券のみならず株式発行環境も含めて米国では非常に発達しており、日本企業等の外国企業の株式をグローバルオファーリングする際などに、米国ではルール144Aの規定に基づく私募を利用することがあります。

ここに面白いデータがあります。2005年に外国企業がルール144Aに基づく私募により、186件の株式発行を行い、830億ドルを調達しました。一方で公募では34件、53億ドルに過ぎませんでした。これは金額にして外国企業の株式発行の実に90%が私募市場において行われていることを意味します。

3 米国におけるハイ・イールド債市場

米国において、ハイ・イールド債市場はすでに日本の社債市場全体に匹敵する規模となっており、毎年の発行額も日本の投資適格の社債発行額と同水準の６兆円～10兆円規模であることは強調したい点です。

従来から日本における低格付け社債市場の重要性が叫ばれ、ようやく先日、日本の大手生命保険会社が食指を伸ばしつつあるということが新聞報道されていましたが、このような動きが広まれば、日本でも必ずや低格付け社債市場は創造されていくでしょう。

というのも、米国でもハイ・イールド債への投資家のうち、生命保険会社は当初より重要な役割を担っていたからです。

１９８０年代において、米国ではハイ・イールド債に関する最大の投資家は生命保険会社であり、およそ４割を占めていました。また、長期投資家でもあるミューチュアルファンドも含めると６割程度となります。

１９９０年代後半になると、ミューチュアルファンドの隆盛に伴い、そのシェアは拡大し、最大のハイ・イールド債投資家はミューチュアルファンドとなり、保険会社やヘッジファンドなどが続くこととなりますが、基本的には長期投資家がターゲットとなることがわかります。

保守的な大口投資家の資金をハイ・イールド債投資へ向かわしめたのは、他ならぬ１９８０年代に「ジャンク債の帝王」と呼ばれたマイケル・ミルケンであることは前述の通りですが、彼の功績は、ハイ・イールド債のボラティリティ（変動性）が一般に思われているよりも低く、それを組み入れたポートフォリオのリターンが高まることを実証した点です。それ以後、ハイ・イールド債は魅力的な投資対象として、浮き沈みを経ながら、今や確固たる投資対象として位置づけられるに至りました。

4 〝ハイ・イールド〟社債市場の成長とマイケル・ミルケン

1980年代を通じて、米国の債券市場は発展的に成長し、多くの革新的手法が生まれました。革新的金融手法が生み出した資本市場の一つが、いわゆる「ハイ・イールド債」市場です。「ハイ・イールド」というのは「高利回り」という意味ですが、別名「**ジャンク債**」と呼ばれます。ハイ・イールド社債の定義は具体的には格付けが、たとえばムーディーズであればBaa未満のものを一般的に指します。

ジャンク債は元々、いわゆる投資適格債と呼ばれるBaa以上の債券が信用度の低下などで格下げられていく中で、それらを「**投資不適格債**」と呼ぶことが一般的であったことから、別名として名づけられたものと考えられます。

日本でも当初の発行時ではBaa以上の格付けを受けていながら、格下げを受け、実質的にハイ・イールド社債のカテゴリーに入る企業も、1990年代後半の金融不安の最中に続出しました。

しかし、日本と米国で決定的に違う点は、米国では当初からBaa未満である社債の発行が可能となる流通市場があるのに対し、日本にはまったくないに等しいということです。

その米国でも、冒頭で触れたとおり、ハイ・イールド社債市場は1980年代に創出された比較的新しい市場です。以下においてハイ・イールド社債とは、新規発行するハイ・イールド社債のことを指すこととします。

■ハイ・イールド社債市場を創出したマイケル・ミルケン

この市場創出をリードし、多大な貢献を果たした人物が、他ならぬマイケル・ミルケンという証券マンでした。彼は当時ドレクセル・バーナム・ラーベル証券という、決して最高位の証券会社といえない証券会社に所属していました。彼は大学時代においてハイ・イールド社債は一般で考えられているよりも、投資家にとってリスクが低く高利回りであることを理論的に解明しており、それをすぐに実践で活かすためには、ドレクセルのような規模の証券会社が合っていたのかもしれません。

彼は同証券をトップ証券と肩を並べる位置にまで押し上げた大立役者でもありました。同証券の1982年の株式、債券の引受額は22億ドルで第9位にすぎませんでしたが、1984年には105億ドルと5倍近くに急増し、ソロモン・ブラザースに次いで第2位に躍り出たのです。金融を除く企業の引き受けではトップになったのです。

ハイ・イールド社債が、発行側企業にとっては資金調達の上で効率的な原資であり、投資家にとっても高利回り運用手段であるというコンセプトこそがドレクセル・バーナム・ラベールの成功物語の背景にありました。

ハイ・イールド社債市場創出が重要なイノベーションであったことは２１３ページの表からもわかります。この表は１９８６年、ハイ・イールド社債がその7年前の４％から上昇して総社債発行総額の20％近くを占めるようになったことを表しています。

また、これは格下げされたものではなく、主に新発行によるものです。

■ハイ・イールド社債が広まった背景

ハイ・イールド社債が、なぜそのような重要性が増していったかを少し詳しくみてみましょう。

ミルケンはハイ・イールド社債と投資適格の債券の両方を取り合わせて持つことのできる投資家は、リスクフリー収益率（国債などの安全資産の利子率）を超えて収益率を大幅に改善できることを気づかせました。（１９８7年中期、ハイ・イールド社債利回りは同等の政府債満期利回りを４００ベーシス・ポイント＝４％以上凌駕しました）。

実際、当時の債券市場では、価格形成がいくらか非効率的であり、当時は「投資適格証券」の価格がそうでないものに比べて割高傾向にありました。債券のファンドマネジャーは運用成績のプレッシャーを感じているので、高い総収益率をもたらすハイ・イールド社債ポートフォリオはたいそう魅力的に見えたことでしょう。

ハイ・イールド社債の登場は、1980年代に吹き荒れた企業のM&Aにとてもマッチングするものでした。それ以外でも乗っ取りおよび有名企業のリストラクチャリングに際しても使われました。たとえば、ペアトリス社やR・H・メーシー社は、自社のリストラクチャリングのためにハイ・イールド社債を発行しました。卸・小売レベルのリストラクチャリングのための資金作りもハイ・イールド社債発行によって行われたのです。

ちなみに、金融コンサルティングサービス会社のトムソン・ファイナンシャルによると、2007年におけるハイ・イールド社債の主な発行目的は以下の通りです。

1位　通常の運転資金
2位　買収資金
3位　社債のリファイナンス
4位　買収資金のリファイナンス
5位　銀行融資のリファイナンス

発行済み普通社債：総計および低格付け債（1979 − 1986）

（単位：10億ドル、%）

年	1 総計	2 低格付け	3 低格付けシェア 2/1(%)
1979	270	11	4
1980	265	15	6
1981	255	17	7
1982	286	19	7
1983	319	28	9
1984	358	42	12
1985	420	59	14
1986	505	93	18

資　料：E.I.Altman,The Anatomy of the high-yield dept market:1986 update,Morgan Stanley

これによると、通常の運転資金の需要は約半分程度であり、2位の買収資金調達は25％に達しました。1980年代に吹き荒れたM＆Aの嵐の中でLBOの一環で使用されたハイ・イールド社債ですが、今やLBOを用いたM＆Aでは必需品となっています。

さて、1980年代のハイ・イールド社債市場の状況に戻ります。1987年5月のスタンダード＆プアーズ工業債格付け分類は、893社の格付け全体の500近く、あるいは半数以上がハイ・イールド社債カテゴリーに入ったことを示しています。

次ページの上の表からわかるように、BBはカテゴリーでは中位に位置します。

1988年代中期のハイ・イールド社債金融の革新的な特徴は、1982年の中位グループが格付け「A」だったという事実からも浮き上がります。

企業が資金調達を、ローンとハイ・イールド社債でどちらを選んだかについて、次ページ下の表を見るとハイ・イールド社債発行市場の成長が如実にみえます。

一方、新しい企業や成長過程にある企業は、ベンチャー・キャピタルその他の形で投融資を受けていたのと同じ資金ニーズを持っていました。

それゆえドレクセルのみならず当時の証券会社は、急速に成長する企業のためのハイ・イールド社債市場への参入が、借り手企業がさらにしっかり成熟した後、一般的な投資銀行サービス（公募株式発行やM＆A等）を提供するきっかけになるかもしれないと考えた

産業格付け分布

格付け	会社数
ＡＡＡ	16
ＡＡ	71
Ａ	171
ＢＢＢ	138
ＢＢ	169
Ｂ	293
ＣＣＣ	35
	893

（1987 年５月中旬の分布。子会社による発行は一つの会社として計算）
資料：E.Mulhare, op.cit

会社の資金調達額：ビジネス・ローン対ジャンク債（1981 ～ 1986 年）
（単位：10 億ドル、発行済み金額の年間変化）

	ビジネス・ローン	ジャンク債	純オープン・マーケット・ペーパー
1981	54.8	2.3	16.5
1982	43.4	1.1	－ 6.9
1983	22.9	9.7	2.6
1984	73.6	13.5	23.1
1985	33.7	17.5	13.5
1986	40.8	32.8	8.1

＊ 法人発行のみ
資料：E.I.Altman,1986 Update, op. cit., Table 6-4

わけです。

■銀行ローンと競合するようになったハイ・イールド社債

前記の表が示すように、１９８４年、ハイ・イールド社債市場は企業への資金供給を行う銀行ローンに対する強力な競争者になってきました。さらに、ビジネス・ローンの古典的代替物として提供されてきたコマーシャル・ペーパーの発行量も、１９８０年代中期のハイ・イールド社債急増の中で衰退していく傾向にありました。

ハイ・イールド社債によるファイナンスビジネスの拡大は、ドレクセルのような先進的な特定の証券会社と、それに追随する証券会社等で構成される業界の進歩を物語るものでもありました。

業界の成功に伴って、企業が活用してきた主要な資金供給者とは違ったファイナンスビジネスが創出されることとなります。しかし、ハイ・イールド社債ビジネスの隆盛は、今まで企業向けローンとして資金提供の役割を担ってきた商業銀行のお株を奪うことにもなります。それゆえ、ハイ・イールド社債競争は証券会社と商業銀行の戦いであったとも言えます。

■今や一定の地位を占めるようになったハイ・イールド社債市場

いずれにせよ、１９８０年代の米国におけるミルケンの活躍により、ハイ・イールド社債市場が創出され、今や社債発行総額の実に33％を占めるに至っています。

すなわち、米国において社債発行残高は３００兆円強を超えており、その３分の１ということは１００兆円となります。一方の日本では、社債発行残高は50兆円程度でしかなく、そもそもハイ・イールド社債そのものが一般公募としては発行できない状況です。存在するのは格下げとなった結果、ハイ・イールド社債となった債券のみであり、その割合は３％です。そして、詳細は後述しますが、日本では銀行融資が米国の社債市場規模相当の３００兆円強であるのに対し、米国での銀行融資残高は２００兆円強ということで、社債発行残高を下回る点は本当に特筆すべき点であります。

■ミルケンの果たした、ゆるぎない功績

ミルケンのもたらしたハイ・イールド社債による資金調達の枠組みがあったからこそ、ベンチャー企業は通常の銀行融資だけでは得られない資金規模と調達スピードを実現し、成長を加速させることが可能となった点は、歴史的事実として評価は確固たるものになっ

ています。

ミルケンは個人としてもビリオンネアーであり、大成功を収めました。現在は教育事業に力を入れ、直接の金融ビジネスからは離れていますが、彼を尊敬する経営者は今でも多く、ミルケンが主催するヘッジファンド経営者の集まりがマスメディアでも報道されるあたりは、今なお歴然たる影響力を持っていることがわかります。

彼は、米国産業界を金融イノベーションによって支援し、歴史に名を残すリーダーであると表現しても過言ではないでしょう。

ミルケンが全盛を振るっていた1980年代半ばに日本経済新聞の記者が彼を取材していいます。彼のコメントを載せたその記事の内容は示唆に富むものばかりですので、ご紹介させていただきます。


「産業にも会社にもライフサイクルがある。世間で投資適格と呼んでいるのはそのてっぺんにある会社だ。しかし、いまのように変化が激しい時代はこのサイクルが短くなっている。農業機械の大手メーカー、インターナショナル・ハーベスターだって投資適格債だった。それが経営危機に陥りいまは額面の40％で売買されている。それならなぜ上り坂の企業の債券を買わないのか」

「社債がデフォルト（債務不履行）になる比率を歴史的にみると意外に低い。大恐慌の1930年代でさえ3・2％にすぎなかったが、1970年代以降は0・1％以下だ。しかもジャンク・ボンドの価格の変動率は国債の半分だ」

「ミルケン氏が作った販売網をバックにドレクセルは格付けの低い企業の資金調達を広げた。巨人ATT（米国電話電信会社）に立ち向かうMCIコミュニケーションズ、カジノのゴールデン・ナゲットなどはジャンク・ボンドがなければ今日の成長はなかった」

「昨年11月末に放送会社のメトロメディアは13億ドルの社債を発行、そのほとんどをドレクセル1社で転売した。格付けはシングルBだが、米企業の一回の発行額としては過去最大だった」

「単なる資金調達だけではない。ドレクセルの開発したジャンク・ファイナンスが米企業をふるえ上がらせている。T・ブーン・ピケンズがガルフ・オイルを買収にかかった時も、ソール・スタインバーグがディズニーの乗っ取りを仕掛けた時もジャンク・ボンドで資金調達するジャンク・ファイナンスを利用した。そして今またアイカーン社がジャンク・ファイナンスをバックにフィリップス・ペトロリアムを81億ドルで買収する計画を明らかにしている」

ちなみに、ミルケンは当時38歳であり、１９８３年における年収は当時の円価値で35億円だったということです。成長企業への資金調達を手助けし、今までの金融手法を覆す仕事にとてもやりがいを感じていたことが、記事を通じて滲み出ていました。

あとがき

２００８年9月現在、世界経済は再び混迷を深めつつあります。

「歴史は繰り返す」という言葉がありますが、経済学においても「景気循環論」という考え方が存在するとおり、まさに同じことが繰り返されているのが実体経済であると私は常々実感しています。

資本主義は必ず、〝行き過ぎる〟傾向にあります。すなわち、すべての価格（不動産、株式含む）に共通して言えることは、本来的な価格よりも急激に上昇してしまうことがある一方で、その逆に一気に価格が下落してしまうこともあります。そして、経済全体も、同様なことが当てはまり、いわゆる「オーバーシューティング」することは今まで様々な国の経済で確認することができます。日本でも、明治開国から今まで、何度も好景気と不景気が繰り返されてきました。世界的にみれば、この景気動向と戦争は密接に関係し、それは今日も続いています。

株式の自由な取引は資本主義を資本主義たらしめる中心的なシステムですが、前述のような景気の上下に最も過敏に反応し、脆いものであることも確かです。

私だけでなく、多くの投資家は、株式への不安を常に持たれていることでしょう。そして、老後の蓄えや教育資金など本当に大切な資金は、隔離して保有していることでしょう。しかし、時代は変わり、定期預金では貯蓄できないことが明白になり、今後もこの流れは当面継続されることになりそうです。

そのようなとき、本書をきっかけとして社債投資のすばらしさにお気づきになっていただけたのであれば、私の執筆の目的は達成されたと言えるでしょう。

最後に本書を出すきっかけを与えてくださったアーバンベネフィット株式会社の竹内泰光社長、木村勝男会長、瀧本憲治常務ならびに社員のみなさま、筆者の提唱する日本における社債市場の創出に当初より共鳴していただき、アドバイスをいただいた実業家の三井慶満氏、執筆にあたって貴重な意見を寄せていただいた日本生命相互会社の小松祐一様、野村證券株式会社の林田和大様、そして出版に賛同してくださった総合法令出版株式会社の田所陽一様、古森綾様に深く感謝申し上げる次第です。

2008年9月吉日　岩木宏道

【著者紹介】

岩木宏道（いわき・ひろみち）

一橋大学商学部卒業後、野村證券に入社し、資産管理業務ならびに債券アレンジメント業務を経験。その後、三菱 UFJ 証券での投資銀行業務経験を経て、独立。現在は、財務・資産運用アドバイザリー業務を展開する一方で、日本における低格付け社債市場創出のため、日本最大の社債情報サイト「社債 .com」運営や社債勉強会などを通じた啓蒙活動も行っている。

社団法人日本証券アナリスト協会検定会員（CMA）

◇社債 .com ◇
http://www.sha-sai.com

【監修者紹介】

アーバンベネフィット株式会社

中小企業の再生シーンにおける不動産オフバランス支援事業を展開。財務戦略上、社債による資金調達を活用している。メールマガジンで事業内容を投資家に説明し、社債投資に結びつけている。
http://www.urbanbenefit.co.jp

株やFXだけじゃない！　社債投資がわかる本

2008年10月25日　初版発行

著　者　岩木宏道
監修者　アーバンベネフィット株式会社
発行者　仁部　亨
発行所　総合法令出版株式会社
〒107－0052　東京都港区赤坂1-9-15 日本自転車会館2号館7階
電話　03-3584-9821（代）
振替　00140-0-69059

印刷・製本　中央精版印刷株式会社

ISBN 978-4-86280-105-0

総合法令出版ホームページ　http://www.horei.com